엄마랑 떠나는 영어 체험학습

엄마랑 떠나는 영어 ☆ 체험학습

초판 인쇄일 2015년 12월 14일
초판 발행일 2015년 12월 21일

지은이 구수정, 문연주
발행인 박정모
등록번호 제9-295호
발행처 도서출판 혜지원
주소 (10881) 경기도 파주시 회동길 445-4(문발동 638) 302호
전화 031) 955-9221~5 팩스 031) 955-9220
홈페이지 www.hyejiwon.co.kr

기획 · 진행 김형진
디자인 김보라
영업마케팅 김남권, 황대일, 서지영
ISBN 978-89-8379-876-3
정가 11,000원

엄마랑 떠나는 영어 체험학습

혜지원

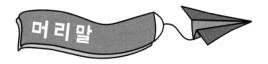

1. 체험학습을 통한 자연스러운 영어습득 'Learning by Doing'

영어를 외국어로 배우는 우리나라 교육환경에서는 자연스럽게 영어를 사용하고 습득할 수 있는 기회가 적습니다. 어떻게 하면 영어 사용 기회를 늘리고 자연스럽게 접할 수 있을까요? 이러한 고민을 하던 중 체험학습을 통한 영어습득 방법을 떠올리게 되었습니다. 아이들이 엄마와 함께 직접 현장에 찾아가서 학습하는 체험학습 장소를 영어를 사용할 수 있는 환경으로 바꾸어, 엄마와 함께 자연스럽게 영어를 습득할 수 있도록 만들어 주는 것이죠. 이 책은 '스스로 직접 경험하며 얻은 지식은 오래 기억 된다.'는 사실에서 착안하여, 직접 체험학습을 하는 동안 재미있고 자연스럽게 영어를 사용하며 습득할 수 있도록 구성한 교재입니다.

2. 초등 필수 영어단어를 엄마와 함께 대화하며 학습해요.

교육부 선정 초등 필수 영어단어를 바탕으로 체험학습 장소와 관련 있는 어휘를 선정하였습니다. 영어단어가 숨어있는 우리말 텍스트를 통해 필수 영어단어의 의미를 학습하고, 이 어휘를 사용하여 엄마와 자녀가 영어로 대화할 수 있도록 구성하였습니다. 체험학습을 가기 전, 가서, 다녀온 후 제시되는 엄마와 자녀의 대화를 통해 지속적으로 필수 단어에 노출되어 어휘를 자연스럽게 습득할 수 있습니다. 또한, 자녀가 학습한 어휘를 사용하여 엄마와 영어로 대화하고, 대화에 사용된 영어문법을 엄마가 들려주는 이야기를 통해 학습함으로써, 어휘뿐만 아니라 말하기와 기본문법까지 학습하는 효과를 기대할 수 있습니다.

3. 교과서 내용과 영어를 현장에서 재미있게 학습해요.

초등학교 교과서에서 다루는 내용과 연계하여 사회, 사언, 역사 분야 18개의 체험학습 장소를 선정하였습니다. 이 장소에서 이루어지는 체험학습을 통해 아이들은 학교에서 배우는 내용을 미리 접하여 배경지식을 확장할 수 있고, 혹은 학교에서 이미 배운 내용을 직접 체험하며 오래도록 경험과 지식을 내재화 할 수 있습니다. 이 책은 아이들이 각 체험 장소에서 제시된 질문에 대한 답을 현장에서 직접 찾도록 하여 학습 동기를 주고 그 내용에 대한 흥미를 유발합니다. 또한 이 과정에서 엄마와 자녀가 제시된 임무를 함께 영어로 수행하면서 교과서 내용뿐만 아니라 영어를 체험학습 현장에서 재미있게 습득할 수 있는 기회를 제공합니다.

저자 **구수정, 문연주**

책의 구성

1

Chapter **01**

사회
Society

Unit 01. The Bank of Korea Money Museum
한국은행 화폐박물관
Unit 02. The Safety Experience Center 시민안전체험관
Unit 03. Paju Book City 파주출판도시
Unit 04. KBS Broadcasting Station KBS 방송국
Unit 05. The National Assembly Building 국회의사당
Unit 06. Korea Job World 한국 잡월드

Unit 02. The S
Unit 03. Paju B
Unit 04. KBS B

2

Unit **01** **The Bank of Korea Money Museum**
한국은행 화폐박물관

1. 기본정보
주소 서울특별시 중
가 110)
문의 02) 759-

3

하고 sell팔다할
서 make만들다할까
nk of Kore

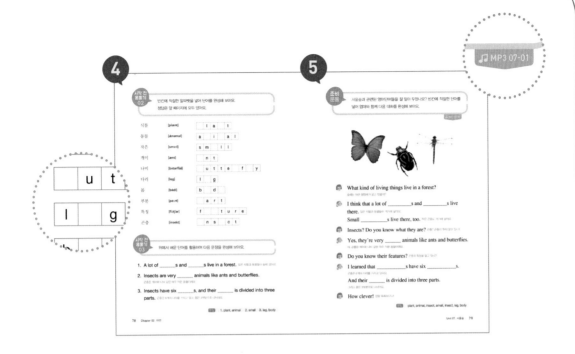

❶ Chapter
초등학교 교과서에서 다루는 내용과 연계하여 사회, 자연, 역사 분야 18개의 체험학습 장소를 선정하여 총 3개 Chapter로 구성했어요.

❷ 체험학습지 소개
체험학습 출발 전 학습지를 소개해요. 체험학습지의 주소, 홈페이지, 운영시간 등의 기본 정보와 가기 전에 알아둘 유용한 정보를 현장 사진과 함께 실었어요.

❸ 시작 전 몸풀기 1
체험학습지에 대한 설명을 재미있는 이야기로 들려줘요. 글의 중간 중간에 초등 필수 영어단

어를 제시하여 단어 학습도 함께 하도록 구성했어요.

❹ 시작 전 몸풀기 2, 3
한글 뜻과 발음기호를 보고 빈칸에 알맞은 단어를 채워 넣으며 앞에서 배운 단어를 복습하는 코너에요.

❺ 준비운동
체험학습 전 간단한 대화문을 원어민의 발음으로 녹음한 MP3 음원을 듣고 따라 하며 엄마와 대화 연습을 해보도록 했어요.

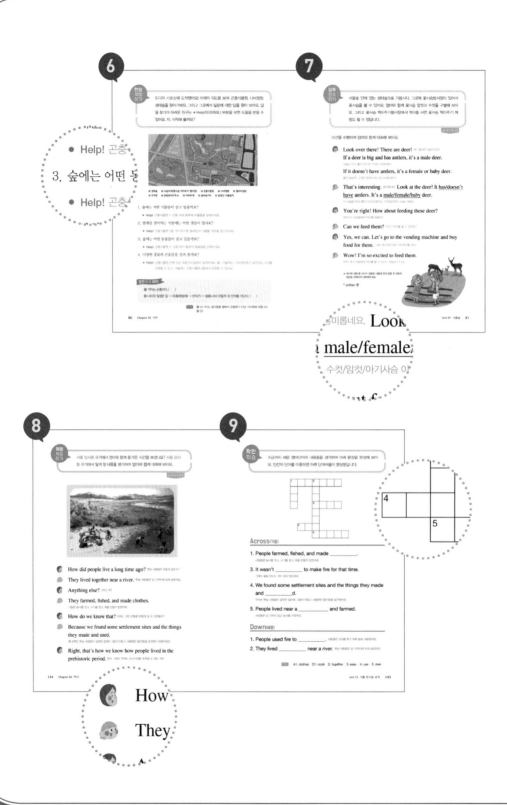

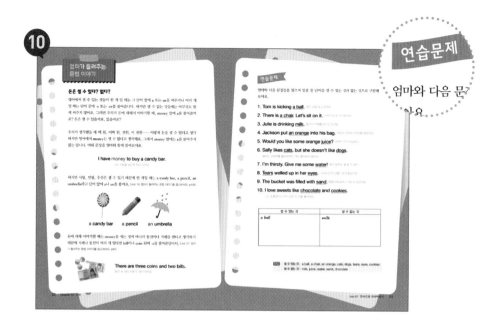

❻ 현장 체험하기

드디어 체험학습 현장에 도착했어요! 체험학습
지를 직접 견학하면서 주어진 질문에 답을 해
보세요. 잘 모르는 질문은 현장 지도와 함께 표
시된 Help! 부분을 참고하세요.

❼ 임무 완수하기

체험학습지에서 직접 실행할 임무가 주어져요.
주어진 임무를 수행하면서 MP3 음원을 듣고
엄마랑 대화 훈련도 해보세요.

❽ 체험 복습하기

체험학습지에서 배운 내용들을 다시 생각해보
며 엄마랑 영어 대화를 통해 복습하는 코너에
요. MP3 음원을 들으며 큰 소리로 따라 말해
보세요.

❾ 확인학습

지금까지 배우고 말해본 단어와 문장들을 퍼즐
이나 가로세로 문제, 빈칸 채우기 등을 통해 최
종 복습하는 코너에요. 아이들의 흥미를 이끌
어내도록 재미있게 구성했어요.

❿ 엄마가 들려주는 문법 이야기

체험학습 한 개가 끝나면 엄마와 함께 초등 필
수 영문법을 학습하도록 구성했어요. 쉽고 재미
있는 설명과 그림, 연습문제로 구성하여 부담
없이 문법을 학습할 수 있어요.

목차

Chapter 01　사회 Society

Chapter 02　자연 Nature

Chapter 03　역사 History

임 진 각
臨 津 閣
← 개 성 　 서 울 →

Chapter 01

사회

Society

1. 기본정보

주소 서울특별시 중구 남대문로 39(남대문로 3
　　가 110)
문의 02) 759-4881, 4882
홈페이지 http://museum.bok.or.kr
운영시간 화요일~일요일 10:00~17:00
휴관일 월요일, 설연휴 및 추석연휴, 12월 29일
　　　~다음해 1월 2일
입장료 무료
가는 방법(지하철)
- 1, 2호선 시청역 7번 출구 이용
- 2호선 을지로입구역 7번 출구 이용
- 4호선 회현역 7번 출구 이용

2. 잠깐! 가기 전 알아두면 좋아요!

- 초등학생을 위한 체험강좌가 있어요.
  언제? 매월 둘째, 넷째 일요일 14:00~15:00
  어디서? 화폐박물관 1층 시청각실
- 한국은행 화폐박물관에 대한 체험학습지가 있어요.
  출입구 안내데스크 쪽에 체험학습지가 배치되어 있습니다.
  저학년용과 고학년용으로 나뉘어 있으니 자녀에게 맞는
  체험학습지를 선택하여 이용하세요.
- 교과서를 미리 보고 가도 좋아요.
  4학년 2학기 사회 1. 경제생활과 바람직한 선택
  5학년 1학기 사회 3단원 1. 우리 경제의 특징
  5학년 1학기 사회 4단원 1. 경제 성장의 그림자
  6학년 1학기 사회 3. 우리 경제의 성장과 발전

엄마와 함께 화폐박물관으로 영어여행을 떠날 거예요. 여행을 가기 전에 다음 글 속에 숨어있는 영어단어의 의미를 생각하며 엄마와 함께 읽어보아요.

이황, 이이, 세종대왕, 신사임당 이들의 공통점은 무엇일까요? 그것은 바로 **money**돈에 그려져 있는 **great people**위대한 사람들이죠. 우리가 **use**사용(하다)하는 **money**돈에는 **bill**지폐과 **coin**동전이 있어요. **Bill**지폐은 **paper**종이로 만들어졌고 **coin**동전은 **metal**금속로 만들어졌어요. 우리는 **money**돈를 언제 **use**사용(하다)하나요? 주로 **goods**물건를 **buy**사다하고 **sell**팔다할 때 **use**사용(하다)하지요. 이렇게 사용되는 우리나라 **money**돈를 어디서 **make**만들다할까요? 우리나라에서 **money**돈와 관련된 일을 하고 있는 곳은 **the Bank of Korea**한국은행에요. **The Bank of Korea**한국은행에서는 **money**돈를 **make**만들다해요. 그리고 **the amount of money**돈의 양와 **the flow of money**돈의 흐름를 **control**조절(하다)하지요. 특히 **the Bank of Korea**한국은행는 여러 **bank**은행들 중에 하나 이지만 우리는 그곳에 **money**돈를 **save**저축하다할 수 없답니다. 엄마와 함께 **the Bank of Korea Money Museum**한국은행 화폐박물관에 가서 **money**돈와 **the Bank of Korea**한국은행에 대해 더 자세히 알아봅시다.

빈칸에 적절한 알파벳을 넣어 단어를 완성해 보아요.
정답은 앞 페이지에 모두 있어요.

돈	[mʌ́ni]		o		e	y
지폐	[bil]	b		l	l	
동전	[kɔin]	c		i	n	
물건	[gudz]		o	o	d	
사다	[bai]		u	y		
팔다	[sel]	s		l	l	
은행	[bæŋk]		a		k	
만들다	[meik]		a	k		
양, 액수	[əmáunt]	a		o	u	t
조절하다	[kəntróul]	c		n	t	o	l

위에서 배운 단어를 활용하여 다음 문장을 완성해 보아요.

1. Can I change this _____ into coins? 이 지폐를 동전으로 바꿀 수 있을까요?

2. I can _____ goods with _____. 나는 돈으로 물건을 살 수 있어요.

3. The Bank of Korea _____s money. 한국은행은 돈을 만들어요.

정답 1. bill   2. buy, money   3. make

화폐박물관과 관련된 영어단어들을 잘 알아 두었나요? 엄마와 빈칸에
적절한 단어를 넣어 다음 대화를 완성해 보아요.

🎵 MP3 01-01

What's this? 이것은 뭐지?

This is _____. 돈이요.

Is it a coin or bill? 동전일까, 지폐일까?

It's a _____. 지폐에요.

Where was this bill made? 이 돈을 어디서 만들었을까?

It was made in the Bank of Korea. 한국은행에서요.

Right, what else does the bank of Korea do?
맞아, 한국은행이 어떤 다른 일을 하니?

It _____s the amount of money in Korea.
한국에 있는 돈의 양을 조절해요.

정답 money, bill, control

현장 체험 하기

드디어 화폐박물관에 도착했어요! 아래 1층의 지도를 보며 질문에 대한 답을 찾아보아요. 답을 찾기가 어려운 친구는 ● **Help!**(도와줘요.) 부분을 보면 도움을 받을 수 있어요. 자, 시작해 볼까요?

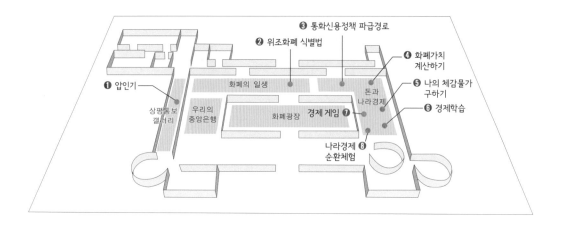

1. 한국은행이 보통 은행들과 다른 점은 무엇인가요?

   ● **Help!** 우리의 중앙은행 부분을 참고하세요.

2. 화폐가 되기 위한 기본요건에는 어떤 것들이 있나요?

   ● **Help!** 화폐의 일생 부분을 참고하세요.

3. 위조지폐를 알아내는 방법이 있나요?

   ● **Help!** 위조지폐 식별법 부분을 참고하세요.

4. 지금과 같은 돈을 사용하기 전에는 어떤 형태의 돈을 사용했나요?

   ● **Help!** 화폐광장 부분을 참고하세요.

잠깐 O X 퀴즈!

❶ 우리나라 화폐역사상 처음으로 나라 전체에 유통된 화폐이름은 상평통보이다. ( )

❷ 우리가 지금 사용하고 있는 지폐는 총 5종류이다. ( )

정답 ❶ (O)
❷ (X) 우리가 지금 사용하고 있는 지폐는 천원, 오천 원, 만원, 오만 원 이렇게 총 4종류입니다.

화폐박물관 2층에 가봅시다. 2층에 가면 '나도 화폐 속 주인공'이 될 수 있는 체험 장소가 있어요. 화폐 도안을 배경으로 자신의 얼굴을 촬영하여 화폐의 주인공이 될 수 있답니다.

🎵 MP3 01-02

미션을 수행하며 엄마와 함께 대화해 보아요.

Take a picture! Your picture can be put on the bill.
사진 찍자! 네 사진을 지폐에 넣을 수 있대.

Cool! I want to make my own bill, but how?
멋져요! 내 자신만의 지폐를 가지고 싶어요, 하지만 어떻게요?

Push the button, and the machine will take your picture.
그 버튼을 누르렴. 그러면 이 기계가 네 사진을 찍을 거야.

Ok, I pushed the button. 알겠어요, 버튼을 눌렀어요.

Look at the screen. Can you see your picture on the bill?
화면을 보렴. 화면에 보이는 지폐에 네 사진이 있는 것 보이니?

Yes, I really like it. 네, 정말 마음에 들어요.

If you want to print it out, put some coins in the machine.
이것을 인화하고 싶으면, 동전을 넣으렴.

This is fun. 이거 재미있어요.

체험
복습
하기

화폐박물관에서 엄마와 함께 즐거운 시간을 보냈나요? **화폐박물관에서**
알게 된 내용을 생각하며 엄마와 함께 대화해 보아요.

🎵 MP3 01-03

Why is the Bank of Korea different from other banks?
한국은행이 다른 은행들과는 왜 다를까?

The Bank of Korea makes money. 한국은행은 돈을 만들어요.
But, we can't save money there. 하지만, 우리는 그곳에 돈을 저금할 수는 없어요.

Good! What is the easiest way to see if a bill is fake?
맞아! 지폐가 가짜인지 알아내는 가장 쉬운 방법은 무엇일까?

By holding the bill up to a light. 그 지폐를 불빛에 비춰봐요.

Why is money made of paper? 돈은 왜 종이로 만들어 졌을까?

Because paper is easy to carry. 들고 다니기 편해서요.

지금까지 배운 영어단어와 내용들을 생각하며 아래 문장을 완성해 보아요. 빈칸의 단어를 채우며 아래 암호를 풀어봅시다. 문장에서 단어를 완성한 후 기호에 맞게 알파벳을 넣어보면 숨겨진 암호를 알 수 있어요.

1. Why is the Bank of Korea ◎ ＊ ◆ 　 from other ＊ ♠ ◆ s? 한국은행이 다른 은행들과는 왜 다를까?

2. We can't ◐ ♠ money in the Bank of Korea.
우리는 한국은행에 돈을 저금할 수는 없어요.

3. We can see if a bill is fake by holding it up to a ❖ ＊ .
우리는 지폐를 불빛에 비춰보면 위조지폐인지 알 수 있어요.

4. Why is ▼ ◆ made of paper? 돈은 왜 종이로 만들어 졌을까?

5. Paper is easy to ◐ ♠ . 종이는 들고 다니기 편해요.

암호 ＊ ＊ ❖ ❖ ◉　♠ ◆ ◎　◐ ▼ ＊ ◆ ◉

정답 1. different, bank 2. save 3. light 4. money 5. carry
암호 bills and coins

엄마가 들려주는 문법 이야기

돈은 셀 수 있다? 없다?

영어에서 셀 수 있는 것들이 한 개일 때는 그 단어 앞에 a 또는 an을 써주거나 여러 개일 때는 단어 끝에 -s 또는 -es를 붙여줍니다. 하지만 셀 수 없는 것들에는 아무것도 함께 써주지 않아요. 그러면 우리가 돈에 대해서 이야기할 때, money 앞에 a를 붙여줄까요? 돈은 셀 수 있을까요, 없을까요?

우리가 생각했을 때 백 원, 이백 원, 천 원, 이천 원…… 이렇게 돈을 셀 수 있다고 생각하지만 영어에서 money는 셀 수 없다고 생각해요. 그래서 money 앞에는 a를 붙여주지 않는 답니다. 아래 문장을 엄마와 함께 읽어보아요.

I have money to buy a candy bar.
나는 사탕을 살만한 돈이 있어요.

하지만 사탕, 연필, 우산은 셀 수 있기 때문에 한 개일 때는 a candy bar, a pencil, an umbrella라고 단어 앞에 a나 an을 붙여요. (Unit 14. 엄마가 들려주는 문법 이야기를 참고하세요. p156)

a candy bar   a pencil   an umbrella

돈에 대해 이야기할 때는 money를 세는 것이 아니라 동전이나 지폐를 센다고 생각하기 때문에 지폐나 동전이 여러 개 있다면 bill이나 coin 뒤에 -s를 붙여준답니다. (Unit 07. 엄마가 들려주는 문법 이야기를 참고하세요. p84)

There are three coins and two bills.
동전 세 개와 지폐 두 장이 있어요.

엄마와 다음 문장들을 읽으며 밑줄 친 단어를 셀 수 있는 것과 없는 것으로 구분해 보아요.

1. Tom is kicking <u>a ball</u>. 탐은 공을 차고 있어요

2. There is <u>a chair</u>. Let's sit on it. 의자가 있네. 거기에 앉자.

3. Julie is drinking <u>milk</u>. 줄리가 우유를 마시고 있어요.

4. Jackson put <u>an orange</u> into his bag. 잭슨이 가방에 오렌지를 넣었어요.

5. Would you like some orange <u>juice</u>? 오렌지 주스 마실래요?

6. Sally likes <u>cats</u>, but she doesn't like <u>dogs</u>.
셀리는 고양이를 좋아하지만, 개는 좋아하지 않아요.

7. I'm thirsty. Give me some <u>water</u>! 목이 말라요. 물 좀 주세요!

8. <u>Tears</u> welled up in her <u>eyes</u>. 그녀의 눈에 눈물이 넘쳐 흘렀어요.

9. The bucket was filled with <u>sand</u>. 양동이에 모래가 가득 차 있었어요.

10. I love sweets like <u>chocolate</u> and <u>cookies</u>.
나는 초콜릿이나 쿠키 같은 단 것을 좋아해요.

셀 수 있는 것	셀 수 없는 것
a ball	milk

정답 셀 수 있는 것 : a ball, a chair, an orange, cats, dogs, tears, eyes, cookies
셀 수 없는 것 : milk, juice, water, sand, chocolate

Unit 02 [The Safety Experience Center]

시민안전체험관

1. 기본정보

주소 서울 광진구 능동로 238 광나루
　　서울시민안전체험관
문의 02) 2049-4061
홈페이지 http://safe119.seoul.go.kr/
운영시간 평일, 공휴일 09:40 ~ 17:00
　　　　(휴관일 매주 월요일)
　　　　재난체험 가능 시간 10시, 13시, 15시
입장료 무료
가는 방법(지하철)
• 7호선 어린이대공원역 1번 출구로 나와 도보
　15분 소요
• 5, 7호선 군자역 6번 출구로 나와 도보 20분
　소요

2. 잠깐! 가기 전 알아두면 좋아요!

• 시민안전체험관에서 재난체험을 위해서는 반드시 예약을
　해야 해요.
　인터넷 홈페이지에서 체험학습 가기 전 미리 예약하세요.
　재난체험 시 체험하기 불편한 복장은 피해주세요.
• 재난체험뿐만 아니라 응급처치법을 배울 수 있어요.
　초등학교 4학년 이상인 경우에만 참여 가능해요.
　인터넷 홈페이지에서 체험학습 가기 전 미리 예약하세요.
• 교과서를 미리 보고 가도 좋아요.
　3학년 1학기 보건 3단원 2. 구조를 요청해요.
　4학년 1학기 보건 3단원 1. 위급한 상황에 대처해요.

엄마와 함께 시민안전체험관으로 영어여행을 떠날 거예요. 여행을 가기 전에 다음 글 속에 숨어있는 영어단어의 의미를 생각하며 엄마와 함께 읽어보아요.

콜록콜록! 어머! 어딘가에서 **smoke**^{연기}가 나기 시작했어요. 무슨 일일까요? 불이 났나봐요! 갑자기 **fire**^불가 났을 때 여러분은 어떻게 할 건가요? **fire**^불가 무섭다고 불이 난 건물 안에 **hide**^{숨다}해 있으면 절대로 안돼요. 먼저 불이 났다고 주위에 큰 소리로 **shout**^{소리치다}해요. 그리고 건물 **outside**^{밖으로}로 **quickly**^{빨리} 그리고 **safely**^{안전하게} 대피합니다. 안전한 곳으로 대피한 후 119를 눌러 **fire station**^{소방서}으로 **call**^{전화하다}해요. **Firefighter**^{소방관}가 잘 찾아 올 수 있도록 불이 난 곳의 **address**^{주소}를 **clearly**^{분명하게} **tell**^{말하다}해야 해요. 그러면 **firefighter**^{소방관}가 와서 불을 꺼주실 거예요.

어머! 이번엔 땅이 **shake**^{흔들리다}해요. **earthquake**^{지진}인가 봐요. 지진이 났을 때는 어떻게 해야 할까요? **The Safety Experience Center**^{안전체험관}에 가면 화재뿐만 아니라 **earthquake**^{지진}, **typhoon**^{태풍}과 같은 자연재해에 대비해 여러 가지 재난체험과 응급처치방법에 대해 체험해 볼 수 있답니다. 그럼 엄마와 함께 **the Safety Experience Center**^{안전체험관}에 가서 각각의 재난에 어떻게 대처해야 할지 알아봅시다.

빈칸에 적절한 알파벳을 넣어 단어를 완성해 보아요.
정답은 앞 페이지에 모두 있어요.

숨다	[haid]	h		d	e		

소리치다	[ʃaut]		o	u	t		

밖으로	[áutsáid]		t	s		d	e

빨리	[kwíkli]		u	i	c	k		y

안전하게	[séifli]	s		f	e	l	

전화하다	[kɔːl]	c		l	l	

주소	[ədrés]	a	d	d		e	s	

분명하게	[klíərli]		l	e	a		l	y

말하다	[tel]	t		l	l	

흔들리다	[ʃeik]			a	k	e

위에서 배운 단어를 활용하여 다음 문장을 완성해 보아요.

1. You should _____ the fire station if a fire breaks out.
   불이 나면 소방서로 전화해야 해.

2. Don't _____, go outside _____. 숨지 말고 빨리 밖으로 나가.

3. _____ me your home _____ clearly. 집 주소를 분명하게 말해주세요.

정답   1. call   2. hide, quickly   3. Tell, address

시민안전체험관과 관련된 영어단어들을 잘 알아 두었나요? 빈칸에 적절한 단어를 넣어 엄마와 함께 다음 대화를 완성해 보아요.

♫ MP3 02-01

What would you do if a fire breaks out in your home?
집에 불이 나면 어떻게 할 거니?

I'd _____ out 'Fire!' and go _____ quickly and safely.
'불이야'라고 외치면서 밖으로 침착하게 빨리 나갈 거예요.

And then, I'd _____ the fire station. 그리고 소방서에 전화를 해요.

Do you know the phone number? 전화번호가 어떻게 되지?

It's 119. 119예요.

Good! But, only call 119 when it's an emergency.
맞아! 하지만 위급한 상황에만 119에 전화해야 해.

Yes, mom! 알겠어요. 엄마!

★ I'd는 I would를 줄여 쓴 표현이에요.

정답   shout, outside, call

드디어 시민안전체험관에 도착했어요! 아래 층별 안내도를 보며 질문에 답을 찾아 보아요. 답을 찾기 어려운 친구는 ● Help!(도와줘요.) 부분을 보면 도움을 받을 수 있어요. 자, 시작해 볼까요?

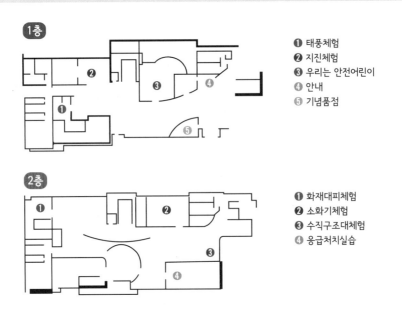

1층

❶ 태풍체험
❷ 지진체험
❸ 우리는 안전어린이
❹ 안내
❺ 기념품점

2층

❶ 화재대피체험
❷ 소화기체험
❸ 수직구조대체험
❹ 응급처치실습

1. 태풍이 발생했을 때 어떻게 해야 할까요?

   ● **Help!** 1층 태풍체험관에서 알아보아요.

2. 지진이 발생했을 때 어떻게 해야 할까요?

   ● **Help!** 1층 지진체험관에서 알아보아요.

3. 화재가 발생했을 때 연기가 가득 찬 곳에서 어떻게 대피해야 할까요?

   ● **Help!** 2층 화재대피체험관에서 알아보아요.

4. 소화기는 어떻게 사용해야 하나요?

   ● **Help!** 2층 소화기체험관에서 알아보아요.

잠깐 O X 퀴즈!

❶ 지진은 인적재난 중 하나이다. (   )

❷ 불이 나서 연기가 보이면 옷가지를 사용하여 코와 입을 막고 건물 밖으로 나간다. (   )

정답 ❶ (X) 지진은 인적재난이 아닌 자연재난 중 하나입니다. ❷ (O)

시민안전체험관 2층으로 가면 인적재난체험관이 있어요. 그곳에는 소화기체험관이 있어서 여러분이 소화기를 사용하여 직접 불을 끄는 방법을 배울 수 있답니다. 불이 났을 때를 대비해 소화기로 직접 불을 끄는 방법을 배우고 체험해 봅시다.

♬ MP3 02-02

미션을 수행한 후 엄마와 함께 대화해 보아요.

 Can you tell me how to use a fire extinguisher?
엄마에게 소화기를 어떻게 사용하는지 설명해주겠니?

First, pull the safety pin in the handle. 우선, 손잡이에 있는 안전핀을 뽑아요.
Then, grab the hose and point it at the base of the fire.
그리고 나서 호스를 잡고 불이 난 쪽으로 향해요.

Great! What should I do after that? 맞아! 그다음에는 어떻게 해야 하지?

Squeeze the handle slowly. 손잡이를 천천히 움켜잡아요.
And sweep the hose from side to side.
그리고 빗자루로 쓸 듯이 호스를 좌우로 움직여요.

That's great! You're like a little firefighter now.
멋지구나! 마치 꼬마소방관 같구나.

* fire extinguisher 소화기

체험
복습
하기

시민안전체험관에서 엄마와 함께 즐거운 시간을 보냈나요? **시민안전체
험관**에서 알게 된 내용을 생각하며 엄마와 함께 대화해 보아요.

🎵 MP3 02-03

What would you do if you felt the building shake?

건물이 흔들리는 것을 느끼면 어떻게 할 거니?

I would go under a table and hold one of the legs.

테이블 아래로 가서 다리를 잡고 있을 거예요.

Right. Don't forget to turn off all the gas and lights, as well.

맞아. 가스나 전등을 끄는 것도 잊지 말아야 해.

After it stopped, I would find a safe place outside quickly.

흔들림이 멈춘 후, 재빨리 밖에 있는 안전한 장소를 찾을 거예요.

If you were in a tall building, you should take the stairs
rather than an elevator. 만약 높은 건물에 있다면, 엘리베이터 말고 계단을 사용해야 해.

Yes, mom! 알겠어요. 엄마!

지금까지 배운 영어단어와 내용들을 생각하며 아래 문장을 완성해 보아요. 주어진 상자에 있는 철자들을 활용해서 넣어봐요. 단, 철자의 순서가 뒤죽박죽 되어있으니 엄마와 함께 차근차근 읽으면서 철자를 알맞게 넣어보아요.

atebl	elg

1. If you felt the building shake, you should go under a
_____ and hold one of the _____s.

만약 건물이 흔들리는 것을 느끼면, 테이블 아래로 가서 다리를 잡고 있어야 해요.

gorfet

2. Don't _____ to turn off all the gas and lights, as well.

가스나 전등을 끄는 것도 잊지 말아야 해요.

ospt	palce

3. After it _____ped, you should find a safe _____
outside quickly. 흔들림이 멈춘 후, 재빨리 밖에 있는 안전한 장소를 찾아야 해요.

tlal	satir

4. If you were in a _____ building, you should take the
_____s rather than an elevator.

만약 높은 건물에 있다면, 엘리베이터 말고 계단을 사용해야 해요.

정답 1. table, leg 2. forget 3. stop, place 4. tall, stair

'안전한'에 -ly를 붙이면 '안전하게'가 된다고요?

만약 지진이 일어나면 어떻게 할 건가요? 만약 집에 불이 나면 어떻게 할 건가요? 아래 문장을 엄마와 함께 읽어보아요.

If there was an earthquake, I would find a safe place.
만약 지진이 일어나면, 나는 안전한 장소를 찾을 거예요.

If a fire broke out in my home, I'd go outside safely.
만약 집에 불이 나면, 나는 안전하게 밖으로 나갈 거예요.

첫 문장을 보면, safe는 '안전한'이란 뜻으로 쓰였고 어떤 장소인지 place라는 단어를 꾸며주고 있어요. 두 번째 문장을 보면 safely는 '안전하게'라는 의미로 어떻게 밖으로 나가는지 go라는 단어를 꾸며주고 있죠. 이렇게 place(장소)라는 명사를 꾸며주는 일을 하는 단어를 '형용사'라고 하고 go(가다)라는 동사를 꾸며주는 일을 하는 단어를 '부사'라고 해요. safe와 safely는 어딘가 닮은 듯 하면서도 다르죠? 어떻게 다를까요?

맞아요. safe라는 단어 뒤에 -ly를 붙여서 safely가 되었어요. 즉, 명사를 꾸며주는 '안전한'이란 형용사에 -ly를 붙여주니 동사를 꾸며주는 '안전하게'라는 부사가 되었어요. 이러한 규칙이 적용되는 단어들을 함께 살펴 보아요.

형용사
slow 느린
quick 빠른
clear 분명한
strange 이상한
careful 신중한
easy 쉬운

+ ly

부사
slowly 느리게
quickly 빨리, 빠르게
clearly 분명하게
strangely 이상하게
carefully 신중하게
easily 쉽게

그런데 lately나 hardly를 본적이 있나요? late는 '늦은'이란 의미이고 hard는 '힘든'이란 의미죠. '늦게' 또는 '힘들게'라는 단어를 만들 때도 이와 같은 규칙을 적용할 수 있을까요? 아니에요. 이때는 전혀 다른 뜻이 된답니다. lately는 '최근에'라는 의미이고, hardly는 '거의 ~하지 않다'라는 의미로 바뀐답니다. 이렇게 항상 -ly를 붙여

야지만 부사가 되는 것은 아니고, 형용사든 부사든 항상 같은 모습을 하고 있는 단어들도 있어요.

형용사와 부사 둘 다 쓰이는 단어
late 늦은/늦게   hard 딱딱한, 힘든/힘들게, 열심히
high 높은/높게   fast 빠른/빨리   early 이른/일찍

이 단어들은 형용사와 부사로 쓰일 때 똑 같은 모습을 하고 있기 때문에 철자를 쉽게 외울 수 있겠죠? 하지만 전혀 다른 모습을 하고 있는 단어들도 있어요.

형용사	부사
good 좋은, 훌륭한	well 잘, 제대로

이렇게 형용사와 부사는 서로 비슷한 모습을 하고 있는 단어들도 있고 같은 모습, 아니면 전혀 다른 모습을 하고 있는 단어들도 있답니다.

연습문제

엄마가 들려준 이야기를 생각하며 아래 문장의 빈칸을 채워 보아요. 괄호 안의 단어의 의미를 생각하며 문장에 맞게 넣어 보아요.

1. James heard the answer _____. (clear) 제임스는 대답을 분명하게 들었어요.

2. My sister walks very _____ like a turtle. (slow)
내 여동생은 거북이처럼 매우 느리게 걸어요.

3. You should drive _____. (careful) 조심해서 운전해야 해요.

4. I can solve the problem _____. (easy) 나는 그 문제를 쉽게 풀 수 있어요.

5. My brother came home _____ yesterday. (late)
어제 형이 집에 늦게 들어왔어요.

6. Cheetahs can run _____. (fast) 치타는 빠르게 달릴 수 있어요.

7. Jack is a good dancer. He dances very _____. (good)
잭은 훌륭한 댄서에요. 정말 춤을 잘 춰요.

정답   1. clearly   2. slowly   3. carefully   4. easily   5. late   6. fast   7. well

Unit 03 [Paju Book City

파주출판도시

1. 기본정보

주소 경기도 파주시 회동길 145
　　　아시아출판문화정보센터
문의 031) 955-0050, 5959
홈페이지
- 공식) http://www.pajubookcity.org
- 견학 정보) http://www.tourbookcity.com/
가는 방법 (합정역 1번 출구 앞에서 버스 이용)
- 2200번 (자유로 직행) 약 30분 소요
- 200번 (일산 경유) 약 1시간 소요

2. 잠깐! 가기 전 알아두면 좋아요!

- 인터넷 사이트를 통해 정보를 미리 검색하고 가세요.
  - → 체험학습은 주로 단체로 신청을 받습니다.
    (20명 이상)
  - → 전시회나 프로그램은 출판도시 안에 있는 출판사에
    서 개별적으로 이루어지고 있습니다.
  - → 미리 인터넷을 통해 정보를 검색하고 계획을 세워
    가는 것이 좋아요.
- 교과서를 미리 보고 가도 좋아요.
  4학년 1학기 사회 2. 도시의 발달과 주민 생활
  4학년 2학기 사회 3. 지역 사회의 발전

엄마와 함께 파주출판도시로 영어여행을 떠날 거예요. 여행을 가기 전에 다음 글 속에 숨어있는 영어단어의 의미를 생각하며 엄마와 함께 읽어보아요.

이것은 무엇일까요? **paper**종이로 만들어 졌고 네모 모양이에요. 여러 장의 **paper**종이들이 모여 안에는 **picture**사진 그림가 있고 **letter**글자도 있어요. 지금 여러분이 **read**읽다하고 있는 것, 맞아요! 바로 **book**책이에요. 책에는 많은 **information**정보과 **story**이야기가 들어 있어서 우리는 책을 통해 많은 것들을 배워요. 지금 여러분이 이 책을 읽으며 새로운 내용을 배우는 것처럼요. 책은 내용에 따라 여러 종류가 있어요. 많은 책 중에서 우리는 책의 **title**제목과 **cover**표지를 보고 자신이 **interested**흥미있는하고 **like**좋아하다하는 **story**이야기가 있을 것 같은 책을 골라 읽어요. 그런데 이러한 책들은 어디서 어떻게 만들어 질까요? 책을 만드는 곳을 **publishing company**출판사라고 해요. 출판사에서는 책을 만들기 전에 어떤 이야기와 그림이 들어있는 책을 **publish**출판하다할지 계획을 세워요. 그 계획에 따라 책 안에 들어간 이야기와 그림들이 준비되면 이것들을 보기 좋게 배열하여 **print**인쇄하다해요. 그 책들을 **bookstore**서점로 **send**보내다하면 마침내 우리는 책을 읽어 볼 수 있어요. 이렇게 책을 출판하는 **company**회사들이 모여있는 곳이 **Paju Book City**파주출판도시에요. 엄마와 함께 파주출판도시에 가서 책과 관련된 것들을 더 자세히 알아봅시다.

시작 전 몸풀기 02

빈칸에 적절한 알파벳을 넣어 단어를 완성해 보아요.
정답은 앞 페이지에 모두 있어요.

종이	[péipər]		a		e	r	
사진, 그림	[píktʃər]	p		c	t		r	e
읽다	[riːd]	r	e	a		
책	[buk]	b		k	
이야기	[stɔ́ːri]		t	o		y
좋아하다	[laik]	l		k	e
출판하다	[pʌ́bliʃ]		u	b	l	i	
인쇄하다	[print]	p	r		n	
보내다	[send]	s		n	d
회사	[kʌ́mpəni]		o		p	a		y

시작 전 몸풀기 03

위에서 배운 단어를 활용하여 다음 문장을 완성해 보아요.

1. There are a lot of beautiful _____s in this book.

   이 책에는 많은 예쁜 그림들이 있어요.

2. I like _____ing story books. 나는 이야기책 읽는 것을 좋아해요.

3. Publishing companies _____ books and _____ them to
   bookstores. 출판사는 책을 인쇄하고 서점으로 보내요.

정답   1. picture   2. read   3. print, send

파주출판도시와 관련된 영어단어들을 잘 알아 두었나요? 그 단어의 의미를 생각하며 엄마와 함께 대화해 보아요.

🎵 MP3 03-01

What are you doing? 뭐 하고 있니?

I'm reading a _____. 책 읽고 있어요.
There are a lot of beautiful _____s and interesting stories in this book.
이 책에는 많은 예쁜 그림과 흥미로운 이야기가 있어요.

Where was this book made? 이 책은 어디서 만들었을까?

At a publishing _____. 출판사(회사)에서요.
Publishing companies _____ books, and they _____ them to bookstores, right?
출판사는 책을 인쇄하고 서점으로 보내요. 그렇죠?

You're right. Let's go to Paju Book City to learn more.
네 말이 맞아. 파주출판도시에 가서 더 배워보자.

정답   book, picture, company, print, send

드디어 파주출판도시에 도착했어요! 아래의 지도를 보며 질문에 대한 답을 찾아 보아요. 답을 찾기가 어려운 친구는 ● Help!(도와줘요.) 부분을 보면 도움을 받을 수 있어요. 자, 시작해 볼까요?

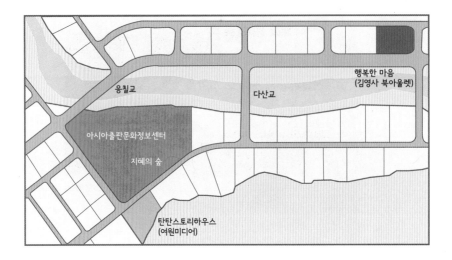

1. 맨 처음 만들어진 책은 어떤 모습이었나요?

   ● **Help!** 행복한 마음(김영사 북아울렛) 입구에 있는 '책의 역사와 종이책 만드는 과정'에서 찾아보세요.
       (운영시간: 오전10시~오후5시 / 연중무휴, 명절제외)

2. 종이책은 어떻게 만들어지나요?

   ● **Help!** 행복한 마음(김영사 북아울렛) 입구에 있는 '책의 역사와 종이책 만드는 과정'에서 찾아보세요.

3. '하루라도 책을 읽지 않으면 입안에 가시가 돋는다.'라고 말한 위인은 누구인가요?

   ● **Help!** 엄마와 응칠교를 걸으며 생각해 보아요.

4. 500여 권의 책을 저술한 조선시대 최고의 실학자는 누구인가요?

   ● **Help!** 엄마와 다산교를 걸으며 생각해 보아요.

5. 엄마와 함께 전시회도 보고 책도 읽어볼까요?

   ● **Help!** 엄마와 탄탄스토리하우스 3층과 4층에 가보아요.
       (운영시간: 오전 10시 30분~오후 5시, 월요일 휴/전시회 관람 무료)

파주출판도시 안에 있는 '지혜의 숲'에 가봅시다. 지혜의 숲에 가면 여러분이 읽을 수 있는 책들이 출판사 별로 분류되어 있답니다. 많은 책 중 여러분이 읽고 싶은 책을 찾아 보아요. 그리고 엄마와 함께 그 책을 읽어보아요.

(이용시간: 1관 오전 10시~오후 5시 / 2관 오전 10시~오후 8시 / 3관 24시간, 연중무휴)

♬ MP3 03-02

미션을 수행하며 엄마와 함께 대화해 보아요.

Let's find a good book to read. What kind of books do you like? 읽을만한 괜찮은 책을 찾아보자. 어떤 종류의 책을 좋아하니?

I like exciting/moving/mystery/funny/scary stories.
저는 흥미로운/감동적인/미스테리한/웃긴/무서운 이야기를 좋아해요.

Oh, you like reading exciting/moving/mystery/funny/scary stories. 흥미로운/감동적인/미스테리한/웃긴/무서운 이야기 읽는 것을 좋아하는구나.

I want to read this book. I really like its title and cover.
이 책을 읽고 싶어요. 제목이랑 표지가 정말 마음에 들어요.

Let me see. What a nice book! Let's sit over there and read it. 어디 보자. 멋지구나! 저쪽에 앉아서 그 책을 읽자.

Ok, mom. I'm going to read another book after finishing this one. 네, 엄마. 이 책을 다 읽으면 다른 책도 읽을 거예요.

★ 자녀와 대화 중 자녀가 경험한 내용에 맞게 밑줄 친 부분의 대답을 선택하여 대화해주세요.

파주출판도시에서 엄마와 함께 즐거운 시간을 보냈나요? **파주출판도시**
에서 알게 된 내용을 생각하며 엄마와 함께 대화해 보아요.

♬ MP3 03-03

How did people make books a long time ago?

사람들은 오래전에 책을 어떻게 만들었을까?

They made books with mud. 진흙으로 책을 만들었어요.
And, they also used plants and animal skin.

그리고 식물이나 동물가죽도 사용했어요.

Plants? 식물?

Yes, they made books with a papyrus. It's a plant.

네, 파피루스로 책을 만들었어요. 그것은 식물이에요.

That's interesting! 흥미롭구나!
A long time ago people copied books by writing the story
by hand. 오래전에 사람들은 손으로 이야기를 베껴 썼단다.

So, it took a lot of time to publish books in those days.

그래서 그 당시에 책을 출판하는데 시간이 오래 걸렸군요.

지금까지 배운 영어단어와 내용들을 생각하며 아래 문장을 완성해 보아요. 빈칸의 단어를 이용하면 아래 퍼즐이 완성된답니다.

Across(가로)

1. How did people _____ books a long time ago?

사람들은 오래전에 책을 어떻게 만들었을까?

2. People copied books by writing the story by _____.

사람들은 손으로 이야기를 베껴 썼어요.

4. It took a lot of _____ to publish books in those days.

그 당시에는 책을 출판하는데 시간이 오래 걸렸어요.

5. People made books with a papyrus. It's a _____.

사람들은 파피루스로 책을 만들었어요. 그것은 식물이에요.

Down(세로)

1. People made books with _____ a long time ago.

사람들은 오래전에 진흙으로 책을 만들었어요.

3. People used plants and _____ skin to make books.

사람들은 책을 만들기 위해 식물이나 동물가죽을 사용했어요.

정답 A1. make   D1. mud   2. hand   3. animal   4. time   5. plant

I read a book. vs I'm reading a book.

방에서 책을 읽고 있는데 엄마가 들어오셔서 이렇게 물어봐요.

What are you doing? 뭐하고 있니?

'읽다'라는 의미의 read와 '책'이라는 의미의 book이라는 단어가 생각나서 엄마에게 I read a book.이라고 대답을 해요. 과연 이 대답이 맞을까요?

I read a book.은 지금 책을 읽고 있다는 의미가 아니라 평소에 책을 읽는다는 의미에 요. 예를 들면,

 I go to school. 나는 학교에 간다.

 You study English. 당신은 영어를 공부한다.

 Philip wears glasses. 필립은 안경을 쓴다.

예문을 보면 알 수 있듯이 평소에 하고 있는 것들에 대해 이야기할 때는 동사는 의미에 맞게 원래 모습으로 써주면 돼요. (Unit 05. 엄마가 들려주는 문법 이야기를 참고하세요. p62)

하지만 엄마가 What are you doing?이라고 지금 무엇을 하고 있는지 궁금해서 물었기 때문에 지금 책을 읽고 있다고 대답을 해야겠죠. 그렇다면 어떻게 말해야 할까요? 다음 문장들을 엄마와 함께 읽어 보아요.

I am going to school. 나는 학교에 가고 있어요.

You are studying English. 당신은 영어를 공부하고 있어요.

Philip is wearing glasses. 필립은 안경을 쓰고 있어요.

위 문장들은 지금 어떤 행동을 하고 있는지 설명하는 문장이에요. 그렇다면 평소에 하는 것들에 대해 이야기하는 문장과 지금 어떤 행동을 하고 있는지 설명하는 문장을 비교해 보면 어떤 모습이 다른가요? 맞아요. 동사 앞에 'be동사'가 생겼고 (Unit 06. 엄마가 들려주는 문법 이야기를 참고하세요. p72) 동사에는 -ing가 붙어있어요. 이렇게 동사의 모습을 바꾸어 주면 평소에 무엇을 하는지 이야기하는 것이 아니라, 지금 무엇을 하고 있는지 설명하는 의미로 바뀐답니다. 그렇다면 엄마가 What are you doing?이라고 물어봤을 때 책을 읽고 있었다면 어떻게 대답해야 할까요? 맞아요.

I'm reading a book. 저는 책을 읽고 있어요.
라고 대답해야겠죠?

연습문제

엄마와 함께 연습해 보아요. 엄마가 What are you doing?이라고 물어보면 다음 문장들 중 하나를 골라 대답해 보아요.

🎵 MP3 03-04

 What are you doing? 뭐하고 있니?

① **I'm writing a diary.** 일기를 쓰고 있어요.

② **I'm drinking milk.** 우유를 마시고 있어요.

③ **I'm watching TV.** TV를 보고 있어요.

④ **I'm drawing pictures.** 그림 그리고 있어요.

⑤ **I'm doing my homework.** 숙제하고 있어요.

Unit 04 [KBS Broadcasting Station]

KBS 방송국

1. 기본정보

주소 서울특별시 영등포구 여의공원로 13(여의
도동) 한국방송공사 본관 (견학홀)
문의 02) 781-2224~5
홈페이지 http://office.kbs.co.kr/kbson/
운영시간 09:30~17:30 (17:00까지 입장)
입장료 무료
가는 방법(지하철)
• 5, 9호선 여의도역 3번 출구 이용 (도보
15~20분 소요)
• 9호선 국회의사당역 4번 출구 이용 (도보 3
분 소요)

2. 잠깐! 가기 전 알아두면 좋아요!

• 선착순으로 입체영상관을 체험해 볼 수 있어요.
→ 언제? 매시 정각, 30분 (평일 11:20~13:20 /
휴일 12:20~12:50 제외)
→ 어디서? 4층 3D입체영상관
• 교과서를 미리 보고 가도 좋아요.
5학년 1학기 사회 4단원 3. 새로운 매체와 문화 발전
6학년 1학기 사회 4단원 3. 새로운 매체와 문화 발전
6학년 2학기 사회 3단원 1. 우리가 만들어 가는 정보 사회

> **시작 전 몸풀기 01**
> 엄마와 함께 KBS 방송국으로 영어여행을 떠날 거예요. 여행을 가기 전에 다음 글 속에 숨어있는 영어단어의 의미를 생각하며 엄마와 함께 읽어보아요.

아주 오래전에, **television**텔레비전이나 **radio**라디오가 없었을 때 사람들은 급한 소식을 어떻게 **deliver**전달하다했을까요? 낮에는 **smoke**연기를 밤에는 **fire**불를 사용했다고 해요. 또는 중요한 소식은 사람이 직접 **horse**말를 타고 며칠이 걸려 **deliver**전달하다하기도 했답니다. 그래서 사람들이 중요한 소식을 너무 **late**늦은하게 듣게 되거나 심지어 전해 듣지 못하는 경우도 종종 있었다고 해요. 하지만 지금 우리들은 소식을 어떻게 전해 듣나요? 통신수단이 발달하면서 우리는 **television**텔레비전과 **radio**라디오를 통해 **good**좋은 **news**소식와 **bad**나쁜 **news**소식 모두 빠르고 정확하게 전해 들을 수 있게 되었어요. 또한 우리는 뉴스뿐만 아니라 **weather forecast**일기예보를 **listen**듣다하거나 **exciting**미진진한한 프로그램을 **watch**보다합니다. 우리는 어떻게 이러한 소식들을 **listen**듣다하게 될까요? 우리가 **watch**보다하는 프로그램을 어떻게 **produce**제작하다할까요? 엄마와 함께 **KBS Broadcasting Station**방송국에 가서 자세히 알아 봅시다.

시작 전
몸풀기
02

빈칸에 적절한 알파벳을 넣어 단어를 완성해 보아요.
정답은 앞 페이지에 모두 있어요.

| 전달하다 | [dilívər] | d | e | l | | v | | r |

| 좋은 | [gud] | g | | | d |

| 나쁜 | [bæd] | b | | d |

| 날씨 | [wéðər] | | e | a | | | e | r |

| 예측 | [fɔ́ːrkæst] | f | | r | e | c | | s | t |

| 듣다 | [lísən] | | i | s | t | e | |

| 흥미진진한 | [ıksáɪtɪŋ] | e | x | | i | t | i | |

| 보다 | [watʃ] | w | a | t | |

| 제작하다 | [prədjúːs] | p | r | | d | u | | e |

| 방송국 | [brɜːdka:stiŋ steiʃən] | b | r | | | d | c | | s | t | | n | g |
| | | s | | a | t | | | n |

시작 전
몸풀기
03

위에서 배운 단어를 활용하여 다음 문장을 완성해 보아요.

1. Did you _____ to today's weather forecast in the morning?
   아침에 일기예보 들었니?

2. I usually _____ TV shows on weekend evenings.
   나는 보통 주말 저녁마다 TV 프로그램을 봐요.

3. Broadcasting stations _____ the news and _____
   exciting programs. 방송국은 뉴스를 전달하고 흥미로운 프로그램을 제작해요.

정답   1. listen   2. watch   3. deliver, produce

KBS 방송국과 관련된 영어단어들을 잘 알아 두었나요? 엄마와 빈칸에 적절한 단어를 넣어 다음 대화를 완성해 보아요.

♬ MP3 04-01

How can we see what is going on in the country?

이 나라에서 무슨 일이 일어나고 있는지 우리는 어떻게 알 수 있을까?

We usually _____ and _____ to the news through the TV or radio. 주로 TV나 라디오로 뉴스를 보거나 들어요.

Do you like watching TV? TV 보는 것 좋아하니?

Yes, I usually watch _____ TV shows on weekend evenings. 네, 보통 주말 저녁에 흥미진진한 TV 프로그램을 봐요.

Where are TV programs made? 어디서 TV 프로그램을 만들까?

In _____ _____. 방송국에서요.

Right, what do broadcasting stations do? 맞아, 방송국이 뭐 하는 곳이지?

Broadcasting stations _____ the news and _____ exciting programs. 방송국은 뉴스를 전달하고 흥미로운 프로그램을 제작해요.

정답   watch, listen, exciting, broadcasting stations, deliver, produce

드디어 KBS 방송국에 도착했어요! 아래 그림을 보며 질문에 대한 답을 찾아 보아요. 답을 찾기가 어려운 친구는 아래 ● Help!(도와줘요.) 부분을 보면 도움을 받을 수 있어요. 자, 시작해 볼까요?

5층

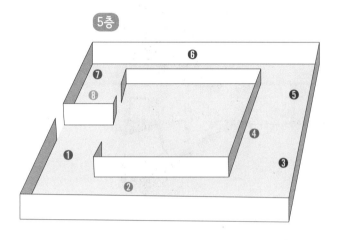

❶ 아나운서 코너
❷ 음향효과 코너
❸ 라디오 제작현장
❹ 음반매체 발달사
❺ KBS 국제방송
❻ 미니 방송 박물관
❼ 한국 방송의 발자취
❽ 라디오 진행자 체험

1. 효과음을 내는 도구들은 어떤 것들이 있고 어떤 소리들을 만들어내나요?

● **Help!** 2. 음향효과 코너 부분을 참고하세요.

2. KBS 국제방송은 모두 몇 개의 언어로 방송하고 있나요?

● **Help!** 5. KBS 국제방송 부분을 참고하세요.

3. 방송 장비에는 어떤 것들이 있나요?

● **Help!** 6. 미니 방송 박물관 부분을 참고하세요.

4. 우리나라 최초의 방송에는 어떤 언어가 사용되었나요?

● **Help!** 7. 한국 방송의 발자취 부분을 참고하세요.

잠깐 O X 퀴즈!

❶ 프로그램은 편성 → 기획 → 제작 → 송출 과정을 거쳐 방송된다. (   )

❷ 녹음기가 개발되기 전에 라디오 방송은 모두 생방송으로 진행됐다. (   )

정답 ❶ (O), ❷ (O)

KBS 방송국 4층에 가봅시다. 4층에 가면 기상 캐스터가 되어볼 수 있는 크로마키 코너가 있어요. 무대에 올라가 기상 캐스터처럼 일기예보를 진행해 보아요. 텔레비전 화면을 통해 한반도 그림과 함께 합성된 자신의 모습을 확인할 수 있답니다.

♫ MP3 04-02

아래 표현들을 참고하며 날씨를 영어로 전달해 보아요.

- Good morning, this is _____ with today's weather report. 안녕하세요? 저는 날씨를 전해드릴 리포터 _____ (본인 이름) 입니다.

- It's clear and sunny this morning. 오늘 아침은 맑고 화창합니다.

- Rain showers are likely this morning. 오늘 아침에는 소나기가 올 가능성이 있습니다.

- The rain is expected to last throughout this afternoon.
  오후 내내 비가 계속되겠습니다.

- Please don't forget to take an umbrella with you today.
  오늘은 우산 챙기는 것 잊지 마세요.

- The sky will clear this afternoon. 오늘 오후에 맑게 개겠습니다.

- Temperatures will drop dramatically. 기온이 급격히 낮아지겠습니다.

- We will have snow along with winds. 바람과 함께 눈이 오겠습니다.

- We will see cloudy skies around the country tomorrow.
  내일은 전국적으로 흐리겠습니다.

KBS 방송국에서 엄마와 함께 즐거운 시간을 보냈나요? KBS 방송국에서 알게 된 내용을 생각하며 엄마와 함께 대화해 보아요.

♪ MP3 04-03

How has radio news changed since it first began?
라디오 뉴스를 처음 시작한 이후로 무엇이 달라졌을까?

When radio news first began, it was reported in both Korean and Japanese. 처음 라디오 뉴스를 시작했을 때 우리말과 일본말로 보도됐었어요.

You're right. Do you know how sound effects were added back then? 맞아. 그 당시에 음향효과는 어떻게 더해졌는지 알고 있니?

Yes. Tools were used for the sounds effects, like a fan and beans. 네. 도구들이 사용되었어요. 부채와 콩 같은 거요.

How about TV? TV는 어땠니?

Televisions were rare. The first television shows weren't in color, everything was in black and white.
텔레비전이 많이 없었어요. 처음 TV쇼는 색상이 없어서 다 흑백이었어요.

You know a lot about this. 많이 알고 있구나.

확인 학습

지금까지 배운 영어단어와 내용들을 생각하며 아래 문장을 완성해 보아요. 주어진 상자에 있는 철자들을 활용해서 넣어봐요. 단, 철자의 순서가 뒤죽박죽 되어있으니 엄마와 함께 차근차근 읽으면서 철자를 알맞게 넣어보아요.

perrot

1. When radio news first began, it was _____ed in both Korean and Japanese.

처음 라디오 뉴스를 시작했을 때 우리말과 일본말로 보도됐었어요.

otol   **anf**

2. _____s were used for the sounds effects, like a _____ and beans.

부채와 콩 같은 도구들이 음향효과를 위해 사용되었어요.

arer

3. Televisions were _____. 텔레비전이 많이 없었어요.

rocol

4. The first television shows weren't in _____, everything was in black and white.

처음 TV쇼는 색상이 없어서 다 흑백이었어요.

정답   1. report   2. Tool, fan   3. rare   4. color

I was excited! vs It was exciting!

TV에서 정말 흥미진진한 축구경기를 보고 나서, 다음날 친구에게 이야기할 때 이렇게 말할 수 있어요.

I watched the soccer game on TV yesterday. 어제 TV로 축구경기를 봤어.

I was excited! / It was exciting. 흥미진진했어!

경기를 보고 나서 '흥미진진했다'는 말을 하고 싶을 때 I was excited! 또는 It was exciting.이라고 두 표현 모두 사용할 수 있어요. 그렇다면 I was exciting.이라고도 말할 수 있을까요?

우선 감정을 표현할 수 있는 단어들을 살펴 보아요.

boring / bored
지루한

surprising / surprised
놀라운 / 놀란

worrying / worried
걱정스런 / 걱정하는

interesting / interested
흥미로운 / 관심 있는

**disappointing /
disappointed**
실망스러운 / 실망한

confusing / confused
혼란스러운

shocking / shocked
충격적인 / 충격받은

moving / moved
감동적인 / 감동한

단어들을 자세히 살펴보면 하나는 -ed로 끝나고 하나는 -ing로 끝나지만 의미는 서로 비슷하답니다. 그러면 두 단어 중 언제, 어떤 단어를 사용해야 할까요? 엄마와 함께 아래 문장들을 읽어 보아요.

🎵 MP3 04-04

I'm interested in studying English. It is interesting**.**
나는 영어공부에 흥미가 있어요. 그것은 재미있거든요.

Olivia was confused. She said the last question **was very confus**ing**.**
올리비아는 혼란스러웠어요. 마지막 질문이 매우 헷갈렸다고 말했어요.

John was surprised at the news. The news **was surpris**ing**.**
존은 그 소식을 듣고 놀랐어요. 그 소식은 놀라웠어요.

My teacher **told us a mov**ing **story. I was so moved.**
선생님께서 우리에게 감동적인 이야기를 해주셨어요. 저는 매우 감동했어요.

엄마와 문장을 읽으면서 어떤 규칙이 있는지 발견했나요? 감정을 직접 느끼는 사람에 대해 이야기하고 싶다면 -ed로 끝나는 단어와 함께 쓰고, 그러한 감정을 느끼도록 만들어 주는 것에 대해 이야기하고 싶다면 -ing로 끝나는 단어와 함께 쓰면 됩니다.
예를 들어, '수업이 너무 지루해.'라고 한다면 '수업'이 나를 지루하게 만들었기 때문에 The class is boring.이라고 쓰면 돼요. 아니면 지루한 수업 때문에 내가 지루한 감정을 느껴서 '나 따분해.'라고 말하고 싶다면 I'm bored.라고 하면 된답니다. 그렇다면 I'm boring.이라고 하면 어떤 의미일까요?
맞아요, 지루한 감정을 느끼도록 만드는 사람, 즉 '나는 지루한 사람이야.'라는 의미가 된답니다. 그러니 의미에 맞게 단어 형태를 잘 선택해서 사용해야겠죠?

Unit 05 [The National Assembly Building

국회의사당

1. 기본정보

주소 서울특별시 영등포구 의사당대로 1
　　　(여의도동) 국회방문자센터
문의 02) 788-3656, 3664
홈페이지 http://memorial.assembly.go.kr/
운영시간
평일 09:00~18:00 (오후 5시까지 입장 가능)
주말 09:00~17:00 (오후 4시까지 입장 가능)
휴관일: 일요일(매월 첫째 일요일 제외), 법정
　　　　공휴일, 국회개원기념일(5월 31일)
입장료 무료
가는 방법(지하철)
• 9호선 국회의사당역 1번, 6번 출구로 나와 도보
• 5호선 여의도역 5번 출구로 나와 버스 환승

2. 잠깐! 가기 전 알아두면 좋아요!

• 국회의사당을 참관하려면 반드시 예약을 해야 해요!
　→ 국회의사당을 방문하기 3일 전까지 미리 온라인으로
　　 예약을 해야 합니다.
　→ 국회의사당 예약시간 1시간 뒤로 의정체험관 방문을
　　 예약하면 두 곳 모두 참관할 수 있습니다.
　→ 국회의사당 우측에 위치한 헌정기념관은 예약 없이
　　 자유관람 가능합니다.
• 교과서를 미리 보고 가도 좋아요.
　4학년 1학기 사회 3. 민주주의와 주민 자치
　5학년 1학기 사회 4단원 2. 우리사회의 오늘과 내일
　5학년 2학기 사회 3. 대한민국의 발전과 오늘의 우리
　6학년 1학기 사회 4단원 2. 우리사회의 오늘과 내일
　6학년 2학기 사회 1. 우리나라의 민주 정치

시작 전
몸풀기
01

엄마와 함께 국회의사당으로 영어여행을 떠날 거예요. 여행을 가기 전에 다음 글 속에 숨어있는 영어단어의 의미를 생각하며 엄마와 함께 읽어보아요.

대한민국 국회
THE NATIONAL ASSEMBLY OF THE REPUBLIC OF KOREA

학교에서 반 친구들과 학급의 **important**^{중요한}한 일들을 **decide**^{결정하다}할 때 어떻게 하나요? 친구들의 **opinion**^{의견}을 들어보기 위해 학급회의를 하죠. 친구들 사이에서 필요한 **rule**^{규칙}을 **set**^{정하다}할 때도 친구들이 **agree**^{동의하다}하는지 **discuss**^{토론하다}를 해요. 그러면, 이 학급을 하나의 국가라고 생각해봐요. 그리고 반 친구들 보다 훨씬 많은 사람이 모여서 **live**^{살다}하고 있다고 생각해 봅시다. 어떤 일들을 정할 때 많은 사람이 모일 수 있는 장소도 없고 그 사람들의 **opinion**^{의견}을 다 들어 볼 수도 없겠죠? 이렇게 한 나라에 모든 국민이 모여 회의를 하는 것은 불가능하기 때문에 국민을 대신해 나라 일을 맡아서 해줄 수 있는 사람들이 필요해요. 그 사람들이 바로 **members of the National Assembly**^{국회의원}에요. 국민들은 **vote**^{투표}를 해서 **members of the National Assembly**^{국회의원}를 뽑아요. 그리고 그들이 국민들을 대신해서 **law**^법를 만들기도 하고 **change**^{바꾸다}하기도 하죠. 또한 **the National Assembly**^{국회}에서 **important**^{중요한}한 일들을 **decide**^{결정하다}하고 정부가 일을 **well**^{제대로}하고 있는지 **monitor**^{감시하다}하기도 하죠. 엄마와 함께 **the National Assembly Building**^{국회의사당}으로 가서 **the National Assembly**^{국회}에서 어떠한 일들을 하는지 더 자세히 알아봅시다.

빈칸에 적절한 알파벳을 넣어 단어를 완성해 보아요.
정답은 앞 페이지에 모두 있어요.

| 중요한 | [impɔ́ːrtənt] | | m | p | | r | t | | n | t |

| 결정하다 | [disáid] | d | e | | i | | e |

| 의견 | [əpínjən] | o | | i | n | i | o | |

| 규칙 | [ruːl] | r | | l | e |

| 정하다 | [set] | | e | t |

| 동의하다 | [əgríː] | a | | r | e | e |

| 토론하다 | [diskʌs] | | i | s | | u | s | s |

| 법 | [lɔː] | l | | |

| 바꾸다 | [tʃeindʒ] | | | a | | g | e |

| 감시하다 | [mɑ́nitər] | m | o | n | | t | | r |

위에서 배운 단어를 활용하여 다음 문장을 완성해 보아요.

1. I _____ with your opinion. 난 네 의견에 동의해.

2. Members of the National Assembly make and _____ laws.
   국회의원은 법을 만들고 바꾸기도 해요.

3. They also _____ on important issues for a country.
   그들은 또한 국가의 중요한 일들도 결정해요.

정답   1.agree   2. change   3. decide

국회의사당과 관련된 영어단어들을 잘 알아 두었나요? 엄마와 빈칸에
적절한 단어를 넣어 다음 대화를 완성해 보아요.

🎵 MP3 05-01

What should people living together in a country do?

사람들이 한 나라에서 함께 살기 위해 무엇을 해야만 할까?

They should set _____s and follow them.

규칙을 정하고 그것을 따라야 해요.

You're right. But, they can't all get together at the same
time to set the rules. 맞아. 하지만 규칙을 정하기 위해서 모두 동시에 모일 수는 없단다.
Then, do you know who makes the laws of a country
instead of the people? 그러면, 사람들을 대신해서 법을 만드는 사람이 누군지 아니?

Members of the National Assembly make the _____s.

국회위원들이 법을 만들어요.

They also _____ on important issues for a country.

그들은 또한 국가의 중요한 일들도 결정해요.

Great! 훌륭해!

정답   rule, law, decide

드디어 국회의사당에 도착했어요! 우리는 국회의사당과 헌정기념관 모두 둘러볼 거예요. 참관 해설 선생님의 설명을 들으면서 아래 질문의 답을 찾아보아요. 답을 찾기가 어려운 친구는 ● Help!(도와줘요.) 부분을 보면 도움을 받을 수 있어요. 자, 시작해 볼까요?

국회의사당에서 찾아보아요.

1. 국회의사당 제 1 회의장에서 국회의원들이 주로 하는 일은 무엇인가요?

● **Help!** 국회의사당 제 1 회의장에 대해 설명해주는 부분을 참고하세요.

2. 국회의사당 제 1 회의장 안에 있는 2층은 어떤 용도로 쓰이나요?

● **Help!** 국회의사당 제 1 회의장에 대해 설명해주는 부분을 참고하세요.

헌정기념관에서 찾아보아요.

1. 현행 헌법의 1조 1항과 2항은 어떤 내용인가요?

● **Help!** 헌정기념관 2층 대한민국국회관에서 헌법을 검색할 수 있는 시스템을 참고하세요.

2. 1980년대 후반 제 12대 국회의 주요 활동은 무엇인가요?

● **Help!** 헌정기념관 1층 국회역사관에서 찾아보아요.

잠깐 O X 퀴즈!

❶ 국회의원 선거는 5년에 한 번씩 있고 국회의원은 한 번 밖에 할 수 없어요. (　　)

❷ 국회의원들은 국민을 대신해서 대통령을 뽑아요. (　　)

정답 ❶ (X) 국회의원 선거는 4년에 한 번씩 있고 선출되면 여러 번 할 수 있습니다.
❷ (X) 대통령은 국민들이 뽑습니다.

헌정기념관에 있는 의정체험관으로 가봅시다. 이곳에서 국회의원들처럼 법을 만드는 과정을 직접 체험해 볼 수 있어요. 여러분도 국회의원이 되어 다른 친구들과 토론을 하고 의견에 대해 투표도 할 수 있답니다. 여러 건 의사항 중에서 자신이 토론하고 싶은 것을 골라 회의에 참여해 보아요.

♬ MP3 05-02

미션을 수행한 후 엄마와 함께 대화해 보아요.

How did you feel when you became a member of the National Assembly? 국회의원이 되어보니 어땠어?

Really cool! 정말 좋았어요! I chose an issue and one of the National Assembly members gave a suggestion.
한가지 이슈를 선택했더니 국회의원들 중 한 명이 제안을 했어요.

What did you think about it? 너는 그 제안에 대해 어떻게 생각했어?

I <u>did /didn't</u> agree with it. 저는 동의 했어요/동의하지 않았어요.

Good! How did the suggestion turn out? 멋지구나! 그 제안은 어떻게 됐니?

I voted by pushing the <u>favor/oppose</u> button.
저는 찬성/반대 버튼을 눌러서 투표했어요.

A lot of members voted <u>for/against</u> it. 많은 사람이 그것에 찬성/반대 했어요.

So, the suggestion <u>was/wasn't</u> accepted.
그래서 제안은 받아들여졌어요/받아들여지지 않았어요.

★ 자녀와 대화 중 자녀가 경험한 내용에 맞게 밑줄 친 부분의 대답을 선택하여 대화해주세요.

국회의사당에서 엄마와 함께 즐거운 시간을 보냈나요? 국회의사당에서 알게 된 내용을 생각하며 엄마와 함께 대화해 보아요.

♫ MP3 05-03

What do the members of the National Assembly do?

국회의원들은 어떤 일을 하니?

Before making a new law, they usually discuss it.

새로운 법을 만들기 전에 그것에 대해 토론을 해요.

You're right. Can you tell me anything else?

맞아. 다른 것들도 이야기해볼래?

They, also, monitor how the government spends money.

그들은 정부가 돈을 어떻게 사용하는지도 감시하죠.

Wow! You're great! 왜! 너 대단하구나! Then, do the members of the National Assembly choose the President instead of the Korean people? 그러면 우리나라 국민들을 대신해서 국회의원들이 대통령을 뽑을까?

No! The President is chosen by all the people of our country. 아니요! 대통령은 우리나라 국민들이 뽑아요.

So, when I become an adult I can vote for the members of the National Assembly and the President.

그래서 제가 어른이 되면, 국회의원과 대통령을 뽑는 투표를 할 수 있어요.

지금까지 배운 영어단어와 내용들을 생각하며 아래 문장을 완성해 보아요. 빈칸의 단어를 이용하면 아래 퍼즐이 완성된답니다.

Across(가로)

1. The members of the National Assembly decide on _____ issues for a country.

   국회의원은 국가의 중요한 일들을 결정해요.

4. They, also, monitor how the government _____s money.

   그들은 정부가 돈을 어떻게 사용하는지도 감시하죠.

6. When I become an adult, I can _____ for the members of the National Assembly and the President.

   제가 어른이 되면, 국회의원과 대통령을 뽑는 투표를 할 수 있어요.

Down(세로)

2. The _____ is chosen by all the people of our country. 대통령은 우리나라 국민들이 뽑아요.

3. The members of the National Assembly don't _____ the President. 국회의원들이 대통령을 뽑지는(선택하지는) 않아요.

5. Before making a new law, the members of the National Assembly usually _____ it.

   새로운 법을 만들기 전에, 국회의원들은 그것에 대해 토론을 해요.

정답
1. important   2. President   3. choose
4. spend   5. discuss   6. vote

make vs makes

Members of the National Assembly make the laws.

국회의원들은 법을 만들어요.

The National Assembly makes the laws.

국회는 법을 만들어요.

make는 '만들다'라는 의미의 동사에요. 동사란 '~(하)다'라는 의미의 단어들을 말해요. 예를 들어, go(가다), sing(노래하다), live(살다), teach(가르치다), study(공부하다) 같은 단어들이요. 문장의 주인공이 평소에 하는 행동이나 매일 하는 일에 대해 이야기할 때는 이렇게 동사의 원래 모양을 사용해요. 하지만 위 문장의 make처럼 어떤 때는 원래 모양으로, 어떤 때는 끝에 -s가 붙어있는 모습으로 문장 안에 있답니다. 무엇 때문에 이렇게 동사의 모양이 바뀔까요? 엄마와 아래 표를 보며 문장을 만들어 읽어보아요.

| I
You
We
They
My father and mother | drink | milk every morning |
| He
She
My brother
My sister | drinks | |

매일 아침 우유를 마시는 사람에 대해 이야기할 때, '나', '너' 그리고 '두 사람 이상인 경우'에는 drink라고 원래 모양으로 사용하지만, '나', '너'가 아닌 다른 한 사람인 경우에는 drinks라고 원래 모양 끝에 -s를 붙여줍니다. 그런데 모든 동사들이 -s만 붙여주는 것은 아니랍니다.

다음 단어들을 보세요.

pass → passes 지나가다   teach → teaches 가르치다

wash → washes 씻다   go → goes 가다

첫 번째 규칙을 찾았나요? 첫 번째 규칙은 -s, -sh, -ch, -o로 끝나는 단어들은 모두 -es 를 붙여줍니다.

그리고 두 번째 규칙은,

cry → cries 울다   fly → flies 날다   study → studies 공부하다

[자음+y]로 끝나는 동사들은 y를 i로 바꾸고 -es를 붙여주세요.

마지막으로 위 두 가지 경우가 아닌 나머지 동사들은 모두 -s를 붙여주세요.

sing → sings 노래하다   wake → wakes 일어나다

enjoy → enjoys 즐기다

이 세 가지 규칙들을 알고 있으면 동사의 모양을 문장의 주인공에 따라 적절하게 사용할 수 있겠죠?

연습문제

엄마가 들려준 이야기를 잘 생각해 보며 아래 문장에 동사를 알맞게 넣어 보아요.

1. I _____ to the library every Saturday. (go) 나는 토요일마다 도서관에 가요.

2. Sally _____ to church every Sunday. (go) 샐리는 일요일마다 교회에 가요.

3. Sujin and Seho _____ English. (study) 수진이와 세호는 영어를 공부해요.

4. Tony _____ Korean. (study) 토니는 한국어를 공부해요.

5. My brother usually _____ up at 7. (wake) 내 남동생은 보통 7시에 일어나요.

6. My father and mother _____ up at 6. (wake) 우리 아빠와 엄마는 6시에 일어나요.

정답   1. go   2. goes   3. study   4. studies   5. wakes   6. wake

Unit 06 [Korea Job World]

한국 잡월드

1. 기본정보

주소 경기도 성남시 분당구 분상수서로 501
문의 1644-1333
홈페이지 http://koreajobworld.or.kr
운영시간 09:00~18:30
(체험관과 프로그램에 따라 운영시간이 다르니
사전에 홈페이지에서 반드시 확인하세요.)
가는 방법(지하철)
• 분당선(선릉─복정) 수내(한국잡월드)역 3번
  출구에서 800m (도보 10분)
• 신분당선 정자역 1번출구에서 1번, 220번
  버스탑승 후 한국잡월드 앞 하차

2. 잠깐! 가기 전 알아두면 좋아요!

• 잡월드 체험관은 반드시 예약을 해야 해요!
  → 사전예약제로 이루어져 있으니 인터넷 홈페이지 '온라
    인 예약'에서 반드시 예약하세요.
  → 가기 전 홈페이지에서 예약과 체험 시간표, 이용안내
    를 꼼꼼히 살펴보세요.
• 교과서를 미리 보고 가도 좋아요.
  3학년 1학기 사회 1단원 4. 우리 고장 사람들이 하는 일
  4학년 2학기 사회 1단원 3. 일하는 사람들
  5학년 1학기 사회 3단원 3. 우리 경제의 성장을 위하여
  　　　　　　　　　　　　　노력한 사람들

엄마와 함께 잡월드로 영어여행을 떠날 거예요. 여행을 가기 전에 다음 글 속에 숨어있는 영어단어의 의미를 생각하며 엄마와 함께 읽어보아요.

우리 주변을 둘러보면, **firefighter**소방관, **police officer**경찰관처럼 우리 고장과 우리 나라를 위해 **work**일하다하고 있는 사람들이 있습니다. 또한, 보이지 않는 곳에서도 우리를 위해 열심히 일하는 사람도 많습니다. 이처럼 사람들이 살아가면서 자신의 적성과 능력에 따라 하고 있는 일을 **job**직업이라고 해요. '소방관'과 '경찰관' 이외에 또 어떤 **job**직업이 있을까요? 세상에는 정말 셀 수 없을 만큼 많은 직업이 있답니다. 여러분은 나중에 커서 그 많은 직업 중 어떤 직업을 갖기를 **want**원하다하나요? 자신이 **future**미래에 하고 싶은 일을 **choose**선택하다할 때는 자신이 가지고 있는 **talent**재능를 발휘할 수 있는 일이나 평소에 틈틈이 즐겨하는 **hobby**취미와 관련된 일을 찾아보면 좋아요. 그리고 무엇보다 자신이 어떤 것을 할 때 가장 즐거운지 **think**생각하다해 보세요. 예를 들어, 학교에서 수업을 들을 때 어떤 **class**수업가 **fun**재미있는한가요? 자신의 **favorite**가장 좋아하는 **subject**과목는 무엇인가요? 이렇게 엄마와 함께 자신의 **talent**재능와 **hobby**취미, **favorite**가장 좋아하는 **subject**과목 등을 생각해 봅시다. 그리고 이와 관련된 직업을 **Job World**잡월드에 가서 직접 체험해 보고 직업세계에 대해 더 자세히 알아봅시다.

빈칸에 적절한 알파벳을 넣어 단어를 완성해 보아요.
정답은 앞 페이지에 모두 있어요.

직업	[dʒab]	j		b		
원하다	[wɔ(:)nt]	w	a		t	
미래	[fjúːtʃər]		u		u	r	e
선택하다	[tʃuːz]			o	o	s	e
재능	[tǽlənt]	t		l			t
취미	[hǽbi]		o	b	b	
생각하다	[θiŋk]			i	n	k
수업	[klæs]	c	l		s	s
재미있는	[fʌn]	f		n	
가장 좋아하는	[féivərit]		a		o		i	t	e

위에서 배운 단어를 활용하여 다음 문장을 완성해 보아요.

1. What do you _____ to be in the future? 나중(미래)에 무엇이 되길 원하니?

2. You should _____ about your favorite subjects when
   choosing your future _____. 미래 직업을 선택할 때 네가 좋아하는 과목을 생각해보렴.

3. My _____ subject is English. 내가 가장 좋아하는 과목은 영어에요.

정답 1. want 2. think, job 3. favorite

잡월드와 관련된 영어단어들을 잘 알아 두었나요? 빈칸에 적절한 단어를 넣어 엄마와 함께 다음 대화를 완성해 보아요.

♫ MP3 06-01

If you could try any job for a day, what would it be?

하루 동안 어떤 일을 해볼 수 있다면, 어떤 것을 해볼래?

I'm not sure what to _____ because there are so many

_____s. 아주 많은 직업들이 있어서 무엇을 선택해야 할지 모르겠어요.

You should think about your talents, hobbies, and favorite subjects. 네 재능, 취미, 좋아하는 과목을 생각해보렴.

First, what's your favorite subject? 우선, 무슨 과목을 가장 좋아하니?

My _____ subject is Korean/English/society/history/math/science/art/music/PE.

제가 가장 좋아하는 과목은 국어/영어/사회/역사/수학/과학/미술/음악/체육이에요.

It's really _____. Time flies when I'm in that _____.

정말 재미있어요. 그 수업시간에는 시간이 정말 빨리 가요.

Oh, you like Korean/English/society/history/math/science/art/music/PE class. Let's think about jobs related to that subject. 오, 국어/영어/사회/역사/수학/과학/미술/음악/체육 수업을 좋아하는구나. 그 과목과 관련된 직업을 생각해 보자.

★ 자녀와 대화 중 자녀가 경험한 내용에 맞게 밑줄 친 부분의 대답을 선택하여 대화해주세요.

정답 choose, job, favorite, fun, class

드디어 잡월드에 도착했어요! 아래의 지도를 보며 질문에 대한 답을 찾아 보아요. 답을 찾기가 어려운 친구는 ● Help!(도와줘요.) 부분을 보면 도움을 받을 수 있어요. 자, 시작해 볼까요?

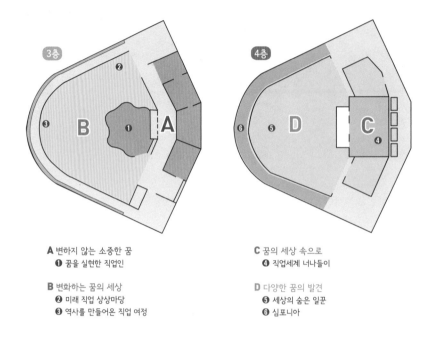

A 변하지 않는 소중한 꿈
❶ 꿈을 실현한 직업인

B 변화하는 꿈의 세상
❷ 미래 직업 상상마당
❸ 역사를 만들어온 직업 여정

C 꿈의 세상 속으로
❹ 직업세계 너나들이

D 다양한 꿈의 발견
❺ 세상의 숨은 일꾼
❻ 심포니아

1. 과거에서부터 현재까지 직업의 모습은 어떻게 변했나요?

   ● Help! 3층 변화하는 꿈의 세상–역사를 만들어온 직업 여정 부분을 참고하세요.

2. 미래에는 어떤 성장 직업들이 있을까요?

   ● Help! 3층 변화하는 꿈의 세상–미래 직업 상상마당 부분을 참고하세요.

3. 고난과 역경을 극복하고 꿈을 실현한 직업인들을 만나볼까요?

   ● Help! 3층 변하지 않는 소중한 꿈–꿈을 실현한 직업인 부분을 참고하세요.

4. 우리 주변에는 어떤 직업들이 있나요?

   ● Help! 4층 꿈의 세상 속으로–직업세계 너나들이 부분을 참고하세요.

5. 우리 일상의 숨은 곳에서 도움을 주는 직업인들을 만나볼까요?

   ● Help! 4층 다양한 꿈의 발견–세상의 숨은 일꾼 부분을 참고하세요.

6. 다양한 직업인들이 만들어 내는 모습은 어떠한 가요?

   ● Help! 4층 다양한 꿈의 발견–심포니아 부분을 참고하세요.

임무 완수 하기

어린이/청소년 체험관으로 가봅시다. 이곳에서는 다양한 직업들을 체험해 볼 수 있어요. 자신이 관심 있는 직업들을 선택하여 체험해 봅시다. 아래 직업들을 보면서 자신이 체험할 곳과 관련된 직업들에 동그라미 해봐요.

♪ MP3 06-02

firefighter 소방관   **police officer** 경찰관   **researcher** 연구원   **reporter** 기자

doctor 의사   **dentist** 치과의사   **vet** 수의사   **nurse** 간호사   **designer** 디자이너

fashion model 패션모델   **pilot** 비행기조종사   **astronaut** 우주비행사   **chef** 요리사

judge 재판관   **lawyer** 변호사   **office worker** 회사원   **bodyguard** 경호원

tour guide 관광가이드   **salesperson** 판매원   **banker** 은행원   **engineer** 기술자

위에서 직업을 골라 미션을 수행하며 엄마와 함께 대화해 보아요.

You can try any job today. Which one do you want to try?
오늘 직업을 체험해 볼 수 있어. 무엇을 해보고 싶니?

I want to be a(n) _____ today. I think it would be pretty cool. 오늘 _____이 되고 싶어요. 그 직업이 꽤 멋있을 것 같아요.

Ok. Let's find out where you can try it.
좋아. 그것을 해볼 수 있는 곳을 찾아보자.

Over there. / Here. 저기요/여기요.
It'll be a lot of fun. I'm looking forward to trying it.
정말 재미있을 거예요. 그것을 해본다는 게 기대가 돼요.

잡월드에서 엄마와 함께 즐거운 시간을 보냈나요? **잡월드**에서 알게 된 내용을 생각하며 엄마와 함께 대화해 보아요.

♫ MP3 06-03

What did you learn about jobs today? 오늘 직업에 대해 무엇을 배웠니?

I learned that today's jobs are totally different from the past. 오늘날의 직업들은 과거와는 완전히 다르다는 것을 배웠어요.

As society changes, the types of jobs change, too.
사회가 변화하면서 직업의 종류도 변해요.

Right. What will future jobs be like? 맞아. 미래의 직업은 어떨까?

I think there will be a lot of new jobs in the future.
제 생각에는 미래에 많은 새로운 직업들이 있을 것 같아요.

What do you think is the most important job in the world?
세상에서 가장 중요한 직업은 무엇이라고 생각하니?

I think all jobs are important because everyone works hard to make the world a better place.
모든 직업이 중요하다고 생각해요. 모두가 세상을 더 좋은 곳으로 만들기 위해서 열심히 일하니까요.

You're right! I hope you'll become a valuable member of society one day. 맞아! 너도 언젠가 사회의 소중한 구성원이 되길 바란다.

확인학습

지금까지 배운 영어단어와 내용들을 생각하며 아래 문장을 완성해 보아요. 빈칸의 단어를 채우며 암호를 풀어봅시다. 문장에서 단어를 완성한 후 기호에 맞게 알파벳을 넣어보면 숨겨진 암호를 알 수 있어요.

1. ❋ ♠ ◆
   _ _ _ _ _'s jobs are totally different from the past.

   오늘날의 직업들은 과거와는 완전히 달라요.

2. As society changes, the types of jobs ♠ ⬤ _ _ _ _ _ _, too.

   사회가 변화하면서 직업의 종류도 변해요.

3. There will be a lot of ⬤ _ _ _ jobs in the future.

   미래에 많은 새로운 직업들이 있을 거예요.

4. Everyone works hard to make the ❋ ❋ _ _ _ _ _ a better

   place. 모두가 세상을 더 좋은 곳으로 만들기 위해서 열심히 일해요.

5. I hope you'll ⬤ ❖ ⬤ _ _ _ _ _ a valuable member of

   ⬤ ◆
   _ _ _ _ _ _ _ one day. 너도 언젠가 사회의 소중한 구성원이 되기를 바란다.

암호
❖ ◆   ❋ ❋ ⬤ ♠ ❖
_ _ _   _ _ _ _ _

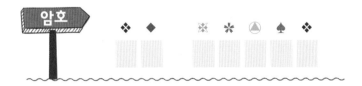

정답	1. today 2. change 3. new 4. world 5. become, society
암호	my dream

am, are, is 우리는 be동사 삼형제

엄마와 함께 아래 문장들을 읽어 보아요.

I am a student. 나는 학생입니다.　　**You are** a teacher. 당신은 선생님입니다.

He is a doctor. 그는 의사입니다.　　**She is** a nurse. 그녀는 간호사입니다.

엄마에게 '~는(은) ~입니다'라고 설명할 때 설명하려는 대상이 누구인지에 따라 am, are, is가 쓰였어요. 영어에서 am, are, is를 'be동사'라고 하고, be동사의 원래 모습은 be이지만 문장의 주인공, 즉 설명하려는 대상이 누구인지에 따라 모양이 바뀐답니다. 그러면 어떻게 be동사가 am, are, is로 바뀌는지 엄마와 아래 표를 보며 문장을 만들어 읽어보아요.

I	am	a designer
You	are	a pilot
She He Alex Wendy	is	a reporter a fashion model an engineer an astronaut
We They Alex and Wendy	are	office workers bankers researchers

'나'에 대해 설명할 때는 **am**, 내가 대화하고 있는 '**상대방**'이나 '**우리**' 그리고 '**둘 이상의 다른 사람들**'에 대해서 이야기할 때는 **are**, 그리고 나와 상대방이 아닌 '**다른 한 사람**'에 대해 이야기할 때는 **is**가 쓰인답니다. 이렇게 be동사는 설명하려는 사람에 따라 am, are, is로 모습이 바뀌는 거죠.

또한 am, are, is는 문장 안에서 ' (어퍼스트로피)와 함께 줄여서 쓰기도 한답니다.

I am a student. → I'm a student. 나는 학생입니다.

You are a teacher. → You're a teacher. 당신은 선생님입니다.

He is a doctor. → He's a doctor. 그는 의사입니다.

She is a nurse. → She's a nurse. 그녀는 간호사입니다.

We are office workers. → We're office workers. 우리는 회사원입니다.

They are researchers. → They're researchers. 그들은 연구원입니다.

이렇게 am, are, is에서 처음 시작하는 철자 a나 i를 ' (어퍼스트로피)로 바꾸고 나머지 철자를 붙여 써주면 됩니다.

연습문제

엄마가 들려준 이야기를 잘 생각해 보며, 아래 문장을 완성해 보아요.

1. I _____ a dentist. 나는 치과의사입니다.

2. William _____ a lawyer. 윌리엄은 변호사입니다.

3. You _____ a banker. 당신은 은행원입니다.

4. They'_____ pilots. 그들은 비행기 조종사입니다.

5. She'_____ a designer. 그녀는 디자이너입니다.

6. I'_____ a chef. 나는 요리사입니다.

정답 1. am 2. is 3. are 4. re 5. s 6. m

Chapter 02

자연

Nature

Seoul Forest

서울숲

1. 기본정보

주소 서울특별시 성동구 뚝섬로 273 서울숲
문의 02) 460−2901, 2905
홈페이지 http://parks.seoul.go.kr/seoulforest
운영시간

- 공원은 연중무휴이나 전시관은 월요일 휴관입니다.
- 곤충식물박물관: 10:00∼17:00
- 나비정원: 10:00∼17:30 (겨울에는 휴관)
- 꽃사슴방사장(생태숲): 07:00∼20:00

입장료 무료
가는 방법(지하철)

- 분당선 서울숲역 3번출구 도보 약 5분
- 2호선 뚝섬역 8번출구 도보 약 15분
- 중앙선(1호선) 응봉역 2번출구 도보 약 30분

2. 잠깐! 가기 전 알아두면 좋아요!

- 다양한 체험학습 프로그램이 있어요.
  - → 인터넷 홈페이지 '프로그램/시설예약'에서 다양한 프로그램을 안내하고 있습니다.
  - → 관심 있는 프로그램이 있다면 반드시 예약을 해야 합니다.
- 교과서를 미리 보고 가도 좋아요.
  3학년 1학기 과학 3. 동물의 한살이
  3학년 2학기 과학 1. 동물의 생활
  4학년 2학기 과학 1. 식물의 생활

엄마와 함께 서울숲으로 영어여행을 떠날 거예요. 여행을 가기 전에 다음 글 속에 숨어있는 영어단어의 의미를 생각하며 엄마와 함께 읽어보아요.

숲에 가면 다양한 종류의 **plant**식물와 **animal**동물이 살고 있어요. 예쁜 꽃과 나무도 있고, 생김새가 서로 다른 동물들도 살고 있답니다. 그중에 아주 **small**작은한 동물인 **ant**개미와 **butterfly**나비를 무엇이라고 할까요? **ant**개미와 **butterfly**나비의 공통점은 여섯 개의 **leg**다리를 가지고 있고, **body**몸는 머리, 가슴, 배 이렇게 세 **part**부분로 나뉜다는 점이에요. 우리는 이러한 **feature**특징를 가진 동물을 insect곤충라고 부른답니다. **Insect**곤충는 지구에 사는 전체 동물 가운데 약 4분의 3이나 차지할 만큼 그 수가 아주 많고 종류도 다양해요. 그렇다면 **ant**개미와 **butterfly**나비 이외에 또 어떤 insect곤충들이 있을까요? **Seoul Forest**서울숲에 가면 다양한 종류의 곤충들을 만나볼 수 있답니다. 엄마와 함께 서울숲에 가서 여러 insect곤충들을 살펴보아요. 그리고 곤충뿐만 아니라 **forest**숲에 살고 있는 다른 **plant**식물와 **animal**동물도 만나봅시다.

빈칸에 적절한 알파벳을 넣어 단어를 완성해 보아요.
정답은 앞 페이지에 모두 있어요.

식물	[plænt]		l	a		t		
동물	[ǽnəməl]	a		i		a	l	
작은	[smɔːl]	s	m		l	l		
개미	[ænt]		n	t				
나비	[bʌtərflài]		u	t	t	e		f	y
다리	[leg]	l		g				
몸	[bɑ́di]	b		d				
부분	[pɑːrt]		a	r	t			
특징	[fíːtʃər]	f			t	u	r	e
곤충	[ínsekt]		n	s		c	t	

위에서 배운 단어를 활용하여 다음 문장을 완성해 보아요.

1. A lot of _____s and _____s live in a forest. 많은 식물과 동물들이 숲에 살아요.

2. Insects are very _____ animals like ants and butterflies.
   곤충은 개미와 나비 같은 매우 작은 동물이에요.

3. Insects have six _____s, and their _____ is divided into three
   parts. 곤충은 6개의 다리를 가지고 있고, 몸은 3부분으로 나뉘어요.

정답 1. plant, animal   2. small   3. leg, body

서울숲과 관련된 영어단어들을 잘 알아 두었나요? 빈칸에 적절한 단어를 넣어 엄마와 함께 다음 대화를 완성해 보아요.

♫ MP3 07-01

What kind of living things live in a forest?
숲에는 어떤 생명체가 살고 있을까?

I think that a lot of _____s and _____s live there. 많은 식물과 동물들이 거기에 살아요.

Small _____s live there, too. 작은 곤충도 거기에 살아요.

Insects? Do you know what they are? 곤충? 곤충이 뭔지 알고 있니?

Yes, they're very _____ animals like ants and butterflies.
네. 곤충은 개미와 나비 같은 아주 작은 동물이에요.

Do you know their features? 곤충의 특징을 알고 있니?

I learned that _____s have six _____s.
곤충은 6개의 다리를 가지고 있어요.

And their _____ is divided into three parts.
그리고 몸은 3부분으로 나뉘어요.

How clever! 정말 똑똑하구나!

정답 plant, animal, insect, small, insect, leg, body

현장 체험 하기

드디어 서울숲에 도착했어요! 아래의 지도를 보며 곤충식물원, 나비정원, 생태숲을 찾아가봐요. 그리고 그곳에서 질문에 대한 답을 찾아 보아요. 답을 찾기가 어려운 친구는 ● Help!(도와줘요.) 부분을 보면 도움을 받을 수 있어요. 자, 시작해 볼까요?

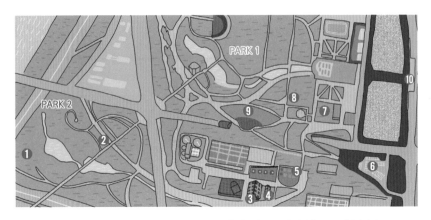

❶ 생태숲　❷ 사슴우리(꽃사슴 먹이주기 행사장)　❸ 곤충식물원　❹ 나비정원　❺ 갤러리정원
❻ 주차장　❼ 공원관리사무소　❽ 야외무대　❾ 숲속놀이터　❿ 분당선 서울숲역

1. 숲에는 어떤 식물들이 살고 있을까요?

    ● **Help!** 곤충식물원 1~2층 여러 종류의 식물들을 살펴보세요.

2. 벌레를 잡아먹는 식물에는 어떤 것들이 있나요?

    ● **Help!** 곤충식물원 1층 '무시무시한 벌레잡이 식물들' 부분을 참고하세요.

3. 숲에는 어떤 동물들이 살고 있을까요?

    ● **Help!** 곤충식물원 1~2층 여러 종류의 동물들을 살펴보세요.

4. 다양한 종류의 곤충들을 살펴볼까요?

    ● **Help!** 곤충식물원 안에 있는 표본전시실에서 살펴보세요. 봄~가을에는 나비정원에서 살아있는 나비를 관찰할 수 있고, 겨울에는 곤충식물원 2층에서 관찰할 수 있어요.

잠깐 O X 퀴즈!

❶ 거미는 곤충이다. (　　)
❷ 나비의 일생은 알 → 유충(애벌레) → 번데기 → 성충(나비) 이렇게 네 단계를 지난다. (　　)

정답　❶ (X) 거미는 절지동물 중에서 곤충류가 아닌 거미류에 속합니다.
　　　❷ (O)

서울숲 안에 있는 생태숲으로 가봅시다. 그곳에 꽃사슴방사장이 있어서 꽃사슴을 볼 수 있어요. 엄마와 함께 꽃사슴 암컷과 수컷을 구별해 보아요. 그리고 꽃사슴 먹이주기행사장에서 먹이를 사면 꽃사슴 먹이주기 체험도 할 수 있답니다.

🎵 MP3 07-02

미션을 수행하며 엄마와 함께 대화해 보아요.

Look over there! There are deer! 저기 좀 봐! 사슴이 있어!

If a deer is big and has antlers, it's a male deer.
사슴이 크고 뿔이 있으면 그것은 수컷이란다.

If it doesn't have antlers, it's a female or baby deer.
뿔이 없으면, 그것은 암컷이거나 아기사슴이란다.

That's interesting. 흥미롭네요. Look at the deer! It has/doesn't have antlers. It's a male/female/baby deer.
저 사슴을 봐요! 뿔이 있어요/없어요. 수컷/암컷/아기사슴이에요.

You're right! How about feeding these deer?
맞아! 이 사슴들에게 먹이를 줘볼까?

Can we feed them? 우리가 먹이를 줄 수 있어요?

Yes, we can. Let's go to the vending machine and buy food for them. 그래. 먹이자판기에 가서 먹이를 사자.

Wow! I'm so excited to feed them.
와우! 제가 사슴에게 먹이를 줄 수 있다니 정말로 신나요.

★ 자녀와 대화 중 자녀가 경험한 내용에 맞게 밑줄 친 부분의 대답을 선택하여 대화해주세요.

* antler 뿔

서울숲에서 엄마와 함께 즐거운 시간을 보냈나요? 서울숲에서 알게 된 내용을 생각하며 엄마와 함께 대화해 보아요.

🎵 MP3 07-03

What did you see in Seoul Forest? 서울숲에서 무엇을 봤니?

I saw a lot of plants. 많은 식물들을 봤어요. There was even a bug-eating plant. 벌레를 잡아먹는 식물도 있었어요. I was so surprised because it can eat bugs. 그 식물이 벌레를 먹을 수 있다고 해서 매우 놀랐어요.

Really? That's so interesting. 정말로? 흥미롭구나.

I saw a lot of animals, too. 많은 동물도 봤어요. There were frogs, turtles, and butterflies. 개구리, 거북이, 그리고 나비도 있었어요.
The butterflies had different colors and patterns on their wings. 나비들은 날개에 다양한 색상과 무늬를 가지고 있었어요.

Did you see any other insects? 다른 곤충들도 봤니?

Yes, I saw lots of different insects like beetles and grasshoppers. 네, 풍뎅이와 메뚜기 같은 다양한 곤충들도 봤어요.

You saw a lot of plants and insects today.
너 오늘 많은 식물과 곤충을 봤구나.

확인 학습

지금까지 배운 영어단어와 내용들을 생각하며 아래 문장을 완성해 보아요. 빈칸의 단어를 채우며 아래 암호를 풀어봅시다. 문장에서 단어를 완성한 후 기호에 맞게 알파벳을 넣어보면 숨겨진 암호를 알 수 있어요.

1. There was a ▽▽ ♠ -eating plant. 벌레를 잡아먹는 식물이 있었어요.

2. I was so surprised because it can ✳ ❖ bugs.
그것이 벌레를 먹을 수 있다고 해서 매우 놀랐어요.

3. There were ◆ ◎ s, turtles, and butterflies.
개구리, 거북이, 그리고 나비도 있었어요.

4. The butterflies had different ◐ ◎ s and patterns on

their ▲ s. 나비들은 날개에 다양한 색상과 무늬를 가지고 있었어요.

5. I saw lots of different insects like beetles and
◎ ❊ ❊ ✳ ◎
s. 풍뎅이와 메뚜기 같은 다양한 곤충들도 봤어요.

암호

▽▽ ♠ ❖ ❖ ✳ ◎ ◆ ◐ ▲ ❊ ❊

정답 1. bug 2. eat 3. frog 4. color, wing 5. grasshopper
암호 butterflies

두 개 이상일 때는 -s나 -es를 붙인다고요?

숲에는 다양한 식물과 동물들이 살고 있어요. 엄마와 어떤 식물과 동물들이 숲에 살고 있는지 이야기해볼까요?

There are a lot of beautiful flowers in a forest.
숲에는 아주 많은 아름다운 꽃들이 있어요.

Rabbits and deer live there. 토끼와 사슴들이 거기에 살아요.

Ants and butterflies live there, too. 개미와 나비들도 거기에 살아요.

엄마에게 숲에 살고 있는 식물과 동물들에 대해 이야기할 때, flower꽃, rabbit토끼, ant개미 뒤에 s가 붙어 있는게 보이나요? 숲에는 하나가 아닌 셀 수 없이 많은 식물과 동물들이 살고 있기 때문에 우리는 그 단어 뒤에 여러 개가 있다는 의미로 -s붙여줍니다. (Unit 01. 엄마가 들려주는 문법 이야기를 참고하세요. p22) 이렇게 영어에서는 셀 수 있는 것들이 여러 개일 때는 대부분 단어 뒤에 -s를 붙여줘요.

cars

eggs

balls

books

하지만 여러 개라는 의미로 단어 뒤에 무조건 s만 붙여주면 되는 것은 아니에요. deer(사슴), butterflies(나비)처럼 다른 규칙도 있답니다. 엄마와 함께 셀 수 있는 것을 생각해 보면서 다른 규칙들도 알아볼까요?

먼저, -s, -x -sh, -ch, -o로 끝나는 단어들은 모두 -es를 붙여줍니다.
(버스) buses (상자) boxes (여우) foxes (손목시계) watches (접시) dishes
(감자) potatoes (토마토) tomatoes

두 번째 규칙은, [자음+y]로 끝나는 단어들은 y를 i로 바꾸고 -es를 붙여주세요.
(나비) a butterfly → butterflies (아기) a baby → babies
(이야기) a story → stories

세 번째 규칙은 -f나 -fe로 끝나는 단어들은 f를 v로 바꾸고 -es를 붙여주세요.
(나뭇잎) a leaf → leaves (늑대) a wolf → wolves (칼) a knife → knives

하지만 셀 수 있는 것들이 여러 개일 때 단어 모양을 바꾸지 않는 것들도 있답니다.
(사슴) a deer → deer (양) a sheep → sheep (물고기) a fish → fish

그리고 항상 여러 개라는 의미로 사용되어 -s나 -es가 붙어 있는 단어들도 있어요.
(안경) glasses (바지) pants (가위) scissors

영어로 여러 개가 있는 것들에 대해 이야기할 때는 오늘 엄마와 함께 배운 규칙들을 떠올려서 그 규칙들을 단어에 적용해 보아요.

Unit 08 [Hongleung Forest]

홍릉숲

1. 기본정보

주소 서울 동대문구 회기로 57 국립산림과학원
    (홍릉수목원)
문의 02) 961-2551, 2552
홈페이지 http://www.forest.go.kr
운영시간 매주 토요일, 일요일만 관람 가능.
        하절기(10:00~17:00),
        동절기(10:00~16:00)
입장료 무료
가는 방법(지하철)
* 지하철 1호선 청량리역 2번 출구 (도보 15분)
* 지하철 1호선 회기역 1번 출구 (도보 17분)
* 지하철 6호선 고대역 3번 출구 (도보 7분)

2. 잠깐! 가기 전 알아두면 좋아요!

* 주차는 불가능하니 반드시 대중교통을 이용하세요.
* 숲 해설 전문가와 함께 홍릉숲을 둘러보며 숲과 식물에 대한 이야기를 들어보세요.
  언제? 매주 토요일, 일요일 10:30, 14:00
  어디서? 산림과학관 앞 왕벚나무쉼터에서 모여요.
  준비물: 필기도구, 모자, 편한 옷차림
* 교과서를 미리 보고 가도 좋아요.
  4학년 1학기 과학 2. 식물의 한살이
  4학년 2학기 과학 1. 식물의 생활
  5학년 1학기 과학 3. 식물의 구조와 기능

엄마와 함께 **홍릉숲**으로 영어여행을 떠날 거예요. 여행을 가기 전에 다음 글 속에 숨어있는 영어단어의 의미를 생각하며 엄마와 함께 읽어보아요.

우리가 글을 쓸 때 사용하는 **pencil**연필은 무엇으로 만들었을까요? 맞아요. **wood**목재로 만들었어요. 우리 주변을 둘러보면 **wood**목재로 만든 물건들이 많답니다. **pencil**연필 뿐만 아니라 **table**테이블과 **chair**의자와 같은 것들도 나무로 만들었어요. 이렇게 여러 물건을 만들 때 쓰인 **wood**목재는 어디서 **get**얻다 할 수 있을까요? **Forest**숲에 가면 **tree**나무가 많아요. 그 **tree**나무를 **cut**자르다해서 목재를 **get**얻다해요. 그리고 그 목재로 우리 생활에 필요한 많은 것을 만든답니다. 이렇게 **forest**숲는 우리에게 **wood**목재를 제공할 뿐만아니라 휴식을 취할 수 있는 그늘을 만들어 주기도 합니다. **Forest**숲는 우리에게 또 어떤 것들을 제공할까요? 엄마와 함께 홍릉숲에 가서 **forest**숲가 우리에게 어떤 도움을 주고 어떤 **role**역할을 하는지 자세히 알아봅시다. 그리고 우리가 소중한 숲을 **protect**보호하다하기 위해 해야 할 일들도 생각해 보아요.

빈칸에 적절한 알파벳을 넣어 단어를 완성해 보아요.
정답은 앞 페이지에 모두 있어요.

| 연필 | [pénsəl] | p | | n | c | | l |

| 목재, 나무 | [wud] | w | | d |

| 테이블 | [téibəl] | | a | b | | e |

| 의자 | [tʃɛər] | | | a | i | r |

| 얻다 | [get] | g | | t |

| 숲 | [fɔ́(:)rist] | | o | r | e | | t |

| 나무 | [triː] | t | r | | |

| 자르다 | [kʌt] | c | | t |

| 역할 | [roul] | | o | l | e |

| 보호하다 | [prətékt] | p | | o | | e | c | t |

위에서 배운 단어를 활용하여 다음 문장을 완성해 보아요.

1. This _____ is made of _____. 이 연필은 나무(목재)로 만들었어요.

2. There are a lot of _____s in a _____. 숲에는 나무가 많아요.

3. People _____ trees and make a lot of things with them.
   사람들이 나무를 베어서 많은 것들을 만들어요.

정답   1. pencil, wood   2. tree, forest   3. cut

홍릉숲과 관련된 영어단어들을 잘 알아 두었나요? 빈칸에 적절한 단어를 넣어 엄마와 함께 다음 대화를 완성해 보아요.

♫ MP3 08-01

What is made of wood? 무엇을 나무(목재)로 만들었을까?

This _____ is made of wood. 이 연필은 나무(목재)로 만들었어요.
The _____ and _____ are made of wood.
저 테이블과 의자도 나무(목재)로 만들었어요.

Where does wood come from? 목재는 어디서 생산될까?

Wood comes from _____s. 목재는 나무로부터 생산돼요.

You're right. 맞아.

There are a lot of trees in a _____. 숲에는 나무가 많아요. People
_____ the trees down to get wood. 사람들이 목재를 얻기 위해 나무를 베어요.
Then they make a lot of things with the _____.
그리고 나서 그 목재로 많은 것을 만들어요.

정답 pencil, table, chair, tree, forest, cut, wood

드디어 **홍릉숲**에 도착했어요! 홍릉숲 안에 있는 산림과학관으로 가봅시다. 아래의 지도를 보며 질문에 대한 답을 찾아 보아요. 답을 찾기가 어려운 친구는 ● Help!(도와줘요.) 부분을 보면 도움을 받을 수 있어요.

자, 시작해 볼까요?

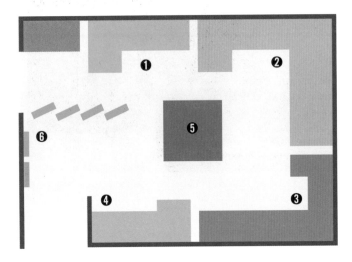

2층 산림과 인간

❶ 숲이 주는 행복
❷ 물을 지키는 숲
❸ 하늘을 푸르게 하는 숲
❹ 숲을 가꾸자
❺ 생명이 춤추는 숲
❻ 정보 검색 코너

1. 숲은 우리에게 어떤 혜택을 주나요?

   ● **Help!** 2층 '산림과 인간' 전시실의 '숲이 우리에게 주는 10가지 선물' 부분을 참고하세요.

2. 숲은 '녹색댐'이라는 별명을 가지고 있어요. 그 이유는 무엇인가요?

   ● **Help!** 2층 '산림과 인간' 전시실의 '물을 지키는 숲' 부분을 참고하세요.

3. 건강한 지구를 만들기 위해 우리가 해야 할 일은 무엇인가요?

   ● **Help!** 2층 '산림과 인간' 전시실의 '하늘을 푸르게 하는 숲'을 부분을 참고하세요.

4. 우리는 숲에서 목재 이외에 또 어떤 것들을 얻을 수 있나요?

   ● **Help!** 3층 '산림과 산업' 전시실에서 찾아보아요.

5. 나무로 만든 악기들은 어떤 것들이 있나요?

   ● **Help!** 3층 '목재와 생활' 전시실에서 참고하세요.

산림과학관 2층 '산림과 인간 전시실'의 정보 검색 코너로 가봅시다. 그곳에서 숲에 대한 정보를 검색할 수 있고 숲과 관련된 다양한 지식도 얻을 수 있답니다. 엄마와 함께 숲에 대한 정보를 검색해 보고 '산림 Q&A' 코너에서 숲과 나무에 대한 문제를 풀어보아요.

♪ MP3 08-02

미션을 수행하며 엄마와 함께 대화해 보아요.

There is a quiz about forests and trees. 숲과 나무에 관한 퀴즈가 있네.
How about solving it together? 함께 풀어볼까?

Ok, let's do it together. 네. 함께해봐요.
I touched the start button. 시작 버튼을 눌렀어요.

Read the question and choose the correct answer.
질문을 읽고 정답을 선택하렴.

This question is easy./It's difficult./I'm confused./I don't know./I'm sure this is right.
이 문제는 쉬워요/어려워요/헷갈려요/잘 모르겠어요/이것이 정답이라고 확신해요.

(After solving the last question 마지막 문제를 풀고 난 후)

You've got _____ questions right out of ten.
10문제 중에 ___개 맞혔구나.

Yes, I've got _____ points. 네. _____점이에요.
Wow! I've got a perfect score!/I want to try it again!
와! 만점 받았어요!/다시 해볼래요!

Good job!/Ok, let's try it again. 잘했구나!/그래, 다시 해보자.

★ 자녀와 대화 중 자녀가 경험한 내용에 맞게 밑줄 친 부분의 대답을 선택하여 대화해주세요.

홍릉숲에서 엄마와 함께 즐거운 시간을 보냈나요? **홍릉숲**에서 알게 된
내용을 생각하며 엄마와 함께 대화해 보아요.

♫ MP3 08-03

What useful things can we find in forests?

우리는 숲에서 어떤 유용한 것들을 찾을 수 있을까?

Besides trees, we can find herbs and mushrooms. Also, the forests make fresh air for us.

나무 이외에도, 약초와 버섯을 찾을 수 있어요. 또한, 숲은 우리에게 신선한 공기도 만들어 줘요.

You're right. 그래 맞아. Do you know that forests have another role? 숲이 또다른 역할을 한다는 것을 아니?

Yes, they sometimes act as a dam. 네, 때때로 댐과 같은 역할을 해요. Forests can help prevent floods and droughts.

숲이 홍수와 가뭄을 막는 것을 도와줄 수 있거든요.

Yes, forests are very important to us in many ways.

그래, 숲은 여러 가지로 우리에게 매우 중요해. Then, how can we protect the forests? 그러면 우리는 어떻게 숲을 보호할 수 있을까?

We can protect them by planting trees and recycling paper! 나무를 심고 종이를 재활용하면 숲을 보호할 수 있어요!

확인
학습

지금까지 배운 영어단어와 내용들을 생각하며 아래 문장을 완성해 보아요. 빈칸의 단어를 이용하면 퍼즐이 완성된답니다.

Across(가로)

1. What _____ things can we find in forests?

우리는 숲에서 어떤 유용한 것들을 찾을 수 있을까?

5. How can we _____ the forests? 우리는 어떻게 숲을 보호할 수 있을까?

6. We can protect them by planting trees and recycling

_____! 나무를 심고 종이를 재활용하면 숲을 보호할 수 있어요!

Down(세로)

2. _____s are very important to us in many ways.

숲은 여러 가지로 우리에게 매우 중요해요.

3. Forests make fresh _____ for us. 숲은 우리에게 신선한 공기도 만들어 줘요.

4. Forests can _____ prevent floods and droughts.

숲은 홍수와 가뭄을 막는 것을 도와줄 수 있어요.

정답   1. useful   2. forest   3. air   4. help   5. protect   6. paper

문장의 주인공이 아닐 때는 어떻게 생겼나요?

다음 대화를 엄마와 함께 읽어보아요.

What useful things can we find in forests?
우리는 숲에서 어떤 유용한 것들을 찾을 수 있을까?

We can find herbs and mushrooms. 우리는 약초와 버섯을 찾을 수 있어요.

Also, the forests make fresh air for us.
또한 숲은 우리에게 신선한 공기도 만들어 줘요.

위 대화에서 '우리'라는 의미의 단어가 we와 us가 있어요. '우리는'이라는 의미로 문장의 주인공으로 사용될 때는 we를 사용하고, 문장의 주인공이 아닌 '우리에게' 또는 '우리를'이라는 의미로 쓰이면 us로 모양이 바뀌었어요. 이렇게 '우리'라는 의미는 비슷하지만, '우리'라는 단어가 문장의 주인공으로 쓰일 때와, 문장의 주인공이 아닌 다른 역할을 하게 되면 그 의미와 모양이 바뀐답니다. 그러면 '우리'가 아닌 '나'는 어떻게 바뀔까요?

먼저 아래 문장을 엄마와 함께 대화해 보아요.

 What's this? 이것은 무엇이니?

 This is a book. 이것은 책이에요.

 Whose book is this? 누구의 책이니?

 This is my book. It's mine.
내(나의) 책이에요. 그것은 나의 것이에요.

**My English teacher gave me the book for
my birthday.**
내 (나의) 영어선생님께서 나에게 (나의) 생일선물로 그 책을 주셨어요.

I like reading the book. 나는 그 책 읽는 것을 좋아해요.

문장을 읽어보면 알 수 있듯이 '나는'이라는 의미의 I도 문장에서 주인공이 아닌 '나의'라는 의미로 쓰이면 my, '나에게' 또는 '나를'이라는 의미로 쓰이면 me, '나의 것'이라는 의미로 쓰이면 mine 이렇게 모양이 바뀐 것을 알 수 있어요. 이제, 문장의 다른 주인공들도 어떻게 변하는지 살펴볼까요?

	~은, 는, 이, 가	~의	~을, 를, 에게	~의 것
나	I	my	me	mine
우리	We	our	us	ours
너	You	your	you	yours
그	He	his	him	his
그녀	She	her	her	hers
그들	They	their	them	their

위 표를 참고하며 엄마와 함께 대화해 보아요. ♬ MP3 08-05

 Who is this? 이 사람은 누구니?

 This is Cindy. 신디예요.

 Whose bag is this? 이것은 누구의 가방이니?

 This is her bag. 그녀의 가방이에요. **It's hers.** 그녀의 것이에요.
Her father bought her the bag for her birthday.
그녀의 아빠가 그녀의 생일선물로 그녀에게 그 가방을 사줬어요.

 Who is this? 이 사람은 누구니?

 This is Tom. 톰이예요.

 Whose bicycle is this? 이것은 누구의 자전거니?

 This is his bicycle. It's his. 그의 자전거예요. 그의 것이에요.
His mother bought him the bicycle for his birthday.
그의 엄마가 그의 생일선물로 그에게 그 자전거를 사줬어요.

Unit 09 [Seoul Children's Grand Park]

서울 어린이대공원

1. 기본정보

주소 서울시 광진구 능동로 216 서울어린이대공원
문의 02) 450–9311
운영시간
동물원 09:30~17:30 (하절기, 3월 16일~10월
　　　 15일) / 09:30~17:00 (동절기, 10월 16일~
　　　 3월15일)
식물원 09:00~18:00(4월~10월), 09:00~17:00
　　　 (11월~3월), 봄꽃축제(4월 11일~4월 19일),
　　　 성수기(4월 25일~26일, 5월 1일~5월 6일)
　　　 기간 동안은 21:00까지 관람 가능
놀이동산 10:00~18:30
입장료 무료
가는 방법(지하철)
• 7호선 어린이대공원역 1번출구 어린이대공원 정문
• 5호선 아차산역 4번출구 어린이대공원 후문

2. 잠깐! 가기 전 알아두면 좋아요!

• 다양한 행사와 체험학습 프로그램이 있어요.
　 → 인터넷 홈페이지에서 다양한 행사와 체험학습 프로
　　 그램을 안내하고 있습니다.
　 → 관심 있는 체험학습 프로그램이 있다면 반드시 예약
　　 을 해야 합니다.
• 교과서를 미리 보고 가도 좋아요.
　 3학년 1학기 과학 3. 동물의 한살이
　 3학년 2학기 과학 1. 동물의 생활

엄마와 함께 어린이대공원에 있는 동물원으로 영어여행을 떠날 거예요. 여행을 가기 전에 다음 글 속에 숨어있는 영어단어의 의미를 생각하며 엄마와 함께 읽어보아요.

우리는 **bird**새라고 하면 하늘을 나는 새를 생각해요. 하지만 하늘을 날지 못하는 **bird**새도 있답니다. 까만 턱시도를 입은 날지 못하는 새, 바로 **penguin**펭귄이랍니다. 펭귄은 날지는 못하지만 **swim**수영하다을 할 수 있어서 **fish**물고기를 **catch**잡다해서 먹고 살아요. 그리고 펭귄은 **very**아주 **cold**추운한 남극에 살고 있어요. 북극에 살고 있는 **polar bear**북극곰도 추운곳에서 살 수 있는 동물이지만, 남극은 북극 보다 훨씬 더 추워서 북극곰은 살 수 없답니다. **penguin**펭귄이나 **polar bear**북극곰처럼 추운 곳에서 사는 동물들도 있지만 아주 더운 열대우림에 사는 **animal**동물들도 있답니다. 또한 **fish**물고기가 아닌 다른 **animal**동물을 잡아 먹고 사는 동물들도 있고, **plant**식물만 먹고 사는 동물들도 있어요. 이렇게 여러 동물들은 각자 사는 곳도 **different**다른하고 먹는 **food**음식도 **different**다른하답니다. 엄마와 함께 어린이대공원에 있는 **zoo**동물원에 가서 여러 **kind**종류의 **animal**동물들을 살펴보고, 이 동물들은 어디서 어떤 **food**음식를 먹고 사는지 알아보아요.

빈칸에 적절한 알파벳을 넣어 단어를 완성해 보아요.
정답은 앞 페이지에 모두 있어요.

새	[bə:rd]	b		r	d

수영하다	[swim]		w	i	

물고기	[fiʃ]	f	i		

잡다	[kætʃ]	c	a	t	

아주, 매우	[véri]	v		r	y

추운	[kould]	c		l	d

다른, 다양한	[dífərənt]		i	f	f	e		e	n	t

음식	[fu:d]		o	o	

동물원	[zu:]	z		

종류, 친절한	[kaind]	k		n	d

위에서 배운 단어를 활용하여 다음 문장을 완성해 보아요.

1. Penguins can live in very _____ places. 펭귄은 아주 추운 곳에서 살 수 있어요.

2. Penguins _____ in the sea and _____ fish.
   펭귄은 바다에서 수영을 해서 물고기를 잡아요.

3. Many kinds of animals live in _____ places and eat
   different _____. 많은 종류의 동물들이 다양한 곳에서 살고 다른 음식을 먹고 살아요.

정답 1. cold   2. swim, catch   3. different, food

동물원과 관련된 영어단어들을 잘 알아 두었나요? 빈칸에 적절한 단어를 넣어 엄마와 함께 다음 대화를 완성해 보아요.

🎵 MP3 09-01

What are these? 이것들은 무엇일까?

These are penguins. 펭귄이에요.

What do penguins eat? 펭귄은 무엇을 먹고 살지?

They eat _____. 물고기를 먹어요. **They _____ in the sea and _____ fish.** 바다에서 수영을 해서 물고기를 잡아요.

Penguins live in the South Pole and polar bears live in the North Pole. 펭귄은 남극에 살고 북극곰은 북극에 산단다.
Do you know why? 그 이유를 아니?

I learned that penguins can live in very _____ places. 펭귄은 아주 추운 곳에서도 살 수 있다고 배웠어요. **The South Pole is _____ cold, and it is colder than the North Pole.** 남극은 엄청 춥고, 북극보다 더 추워요. .

So, penguins can live in the South Pole but polar bears can't because it is too cold. 그래서 펭귄은 남극에 살 수 있지만 북극곰은 그곳이 너무 추워서 살 수 없구나. **Let's go to the zoo to find out where other animals live and what they eat.** 동물원에 가서 다른 동물들은 어디에 살고 무엇을 먹는지 알아보자.

정답 fish, swim, catch, cold, very

현장
체험
하기

드디어 어린이대공원에 있는 동물원에 도착했어요! 아래의 지도를 보며 질문에 대한 답을 찾아 보아요. 답을 찾기가 어려운 친구는 ● Help!(도와 줘요.) 부분을 보면 도움을 받을 수 있어요. 자, 시작해 볼까요?

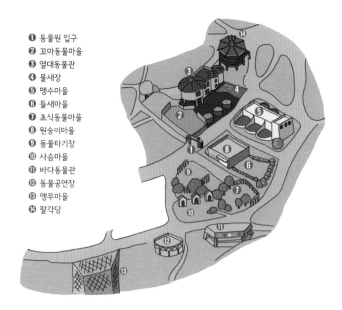

❶ 동물원 입구
❷ 꼬마동물마을
❸ 열대동물관
❹ 물새장
❺ 맹수마을
❻ 들새마을
❼ 초식동물마을
❽ 원숭이마을
❾ 동물타기장
❿ 사슴마을
⓫ 바다동물관
⓬ 동물공연장
⓭ 앵무마을
⓮ 팔각당

1. 사막여우는 무엇을 먹고 사나요?

   ● Help! '꼬마동물마을'에서 찾아보아요.

2. 열대우림에는 어떤 동물들이 살고 있나요?

   ● Help! '열대동물관'에서 찾아보아요.

3. 독수리는 무엇을 먹고 사나요?

   ● Help! '들새마을'에서 찾아보아요.

4. 과일, 나뭇잎이나 열매, 풀과 같은 식물만 먹고 사는 동물은 어떤 것들이 있나요?

   ● Help! '초식동물마을'에서 찾아보아요.

잠깐 O X 퀴즈!

❶ 얼룩말은 육식동물이다. (   )

❷ 새는 부리와 발 모양이 사는 곳과 먹이에 따라 다르다. (   )

정답 ❶ (X) 얼룩말은 초식동물입니다. ❷ (O)

맹수마을에서 다양한 동물 친구들을 살펴보았나요? 사자를 살펴본 뒤 사자우리 옆에 있는 계단을 통해 2층으로 올라가면 초록색 불이 들어오는 막대 그래프가 있어요. 그곳에 있는 동물의 사진에 손을 올리면 동물들이 얼마나 오래 사는지 그래프에 불이 들어와요. 엄마와 함께 각각의 동물들이 얼마나 오래 사는지 알아보고, 그 동물들의 수명을 비교해 보아요.

♬ MP3 09-02

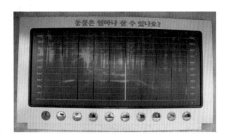

미션을 수행하며 엄마와 함께 대화해 보아요.

Let's find out how long animals live. There is a graph showing how long some animals and humans live.
동물들이 얼마나 오래 사는지 알아보자. 몇몇 동물들과 사람이 얼마나 오래 사는지 보여주는 그래프가 있구나.

Wow, there are 10 photos: a tiger, a camel, a human, an orangutan, a lion, an elephant, a bear, a puma, a jackal, and a turtle.
와, 10개의 사진이 있어요. 호랑이, 낙타, 사람, 오랑우탄, 사자, 코끼리, 곰, 퓨마, 자칼, 그리고 거북이요.

Touch the button, then you can see green lights on the graph. 버튼을 눌러보렴. 그러면 그래프에 초록색 불빛을 볼 수 있을 거야. This shows how many years each animal lives. 이것은 동물이 몇 년 정도 사는지 보여준단다.

I see. 알겠어요. Tigers live for 20 years. Camels live for 50 years. 호랑이는 20년 살아요. 낙타는 50년 살아요. Tigers live shorter than Camels. Camels live longer than tigers.
호랑이는 낙타보다 더 짧게 살아요. 낙타는 호랑이보다 더 오래 살아요.

★ 각각의 동물들이 얼마나 오래 사는지 버튼을 눌러보며 알아보세요. 그리고 밑줄 친 부분의 단어를 적절하게 넣어 두 동물을 서로 비교하며 대화해주세요.

동물원에서 엄마와 함께 즐거운 시간을 보냈나요? 동물원에서 알게 된 내용을 생각하며 엄마와 함께 대화해 보아요.

♪ MP3 09-03

What animals did you see in the zoo? 동물원에서 어떤 동물을 봤니?

I saw a lot of animals. I saw zebras, kangaroos, and deer. They only eat plants.
많은 동물을 봤어요. 얼룩말, 캥거루, 사슴을 봤어요. 이것들은 식물만 먹어요.

Do all animals only eat plants like them?
모든 동물들이 그것들처럼 식물만 먹고 살까?

No, they don't. I learned that desert foxes eat fruits and insects. 아니에요. 사막여우는 열매뿐만 아니라 곤충도 먹는대요.
Eagles even eat dead animals. 독수리는 심지어 죽은 동물도 먹어요.

Do you remember seeing water birds in the zoo?
동물원에서 본 물새들 기억하니?

Yes, I do. There were many water birds. They all have different beaks and feet.
네, 기억해요. 많은 물새들이 있었어요. 그것들은 다양한 부리와 발을 가지고 있어요.

Why are they all different? 왜 새들은 서로 다른 부리와 발을 가지고 있을까?

Because they live in different places and eat different food. 왜냐하면 다양한 곳에서 다른 음식을 먹고 사니까요.

* beak 부리

지금까지 배운 영어단어와 내용들을 생각하며 아래 문장을 완성해 보아요. 아래 상자에 있는 단어들을 활용해서 넣어봐요. 단, 철자가 뒤죽박죽 되어있으니 엄마와 함께 차근차근 읽으면서 철자를 알맞게 넣어보아요.

lapnt

1. Zebras and kangaroos eat only _____s.

캥거루와 얼룩말은 식물만 먹어요.

rufit   **sincet**

2. Desert foxes eat _____s and _____s.

사막여우는 열매뿐만 아니라 곤충도 먹어요.

eadd

3. Eagles even eat _____ animals. 독수리는 심지어 죽은 동물도 먹어요.

dibr

4. There were many water _____s in the zoo.

동물원에는 많은 물새들이 있었어요.

pacle   **dofo**

5. Birds all have different beaks and feet becuase they live in different _____s and eat different _____.

새들은 다양한 부리와 발을 가지고 있어요. 왜냐하면 다양한 곳에서 다른 음식을 먹고 사니까요.

정답   1. plant   2. fruit, insect   3. dead   4. bird   5. place, food

서로 비교할 때는 -er 과 than이 필요해요!

Tigers live for 20 years.	**Camels live for 50 years.**
호랑이는 20년을 살아요.	낙타는 50년을 살아요.

호랑이는 보통 20년을 살고 낙타는 50년 정도 산다고 해요. 이 두 동물 중 어느 동물이 더 오래 사나요? 맞아요, 낙타가 호랑이보다 더 오래 살죠. 그러면 어느 동물이 더 짧게 사나요? 네, 호랑이가 낙타보다 짧게 살죠. 이 문장을 영어로 표현하면 이렇게 말할 수 있어요.

Camels live longer than tigers. 낙타는 호랑이보다 더 오래 살아요.

Tigers live shorter than Camels. 호랑이는 낙타보다 더 짧게 살아요.

위에 있는 두 문장에서 비슷한 점을 찾을 수 있나요? 둘 다 '~한'이라는 의미의 '형용사' 뒤에 -er을 붙이고 '~보다'라는 의미의 '전치사' than을 사용했어요. (Unit 02, Unit 10. 엄마가 들려주는 문법 이야기를 참고하세요. p32, p114) 이렇게 두 가지를 서로 비교할 때는 '형용사'나 '부사'와 함께 -er과 than이 필요하답니다. 하지만 서로 비교하기 위해 형용사나 부사에 무조건 -er을 붙이는 건 아니에요. '~보다 더 ~한'이란 의미를 나타내기 위해 우선 형용사나 부사가 어떻게 변하는지 알아보아요. 우선 대부분의 형용사나 부사 뒤에 -er을 붙여줘요. 그리고 뒤에 than을 써주세요.

tall (키가 큰) → **taller** (키가 더 큰) / **fast** (빠른, 빨리) → **faster** (더 빠른, 더 빨리)

hard (열심히) → **harder** (더 열심히)

Cheetahs run faster than **rabbits.**
치타는 토끼보다 더 빨리 달린다.

형용사나 부사 중에 [자음+y]로 끝나는 단어는 y를 i로 바꾸고, -er을 붙여주세요.

easy (쉬운) → **easier** (더 쉬운) / **pretty** (귀여운) → **prettier** (더 귀여운)

early (일찍) → **earlier** (더 일찍)

Parrots are prettier than eagles.
앵무새는 독수리보다 더 귀엽다.

그리고 자음 사이에 모음이 한 개 끼어 있으면 마지막 자음을 한 개 더 쓰고 -er을 붙여주세요.

big (큰) → **bigger** (더 큰) / **hot** (뜨거운) → **hotter** (더 뜨거운)

Elephants are bigger than monkeys.
코끼리는 원숭이보다 (몸집이) 더 커요.

하지만 모든 형용사나 부사 뒤에 -er만 붙는 것은 아니랍니다. 단어가 긴 경우에는 -er 대신에 more을 붙여줍니다.

beautiful (아름다운) → **more beautiful** (더 아름다운)

expensive (비싼) → **more expensive** (더 비싼)

quickly (재빨리) → **more quickly** (더 빨리)

carefully (신중하게) → **more carefully** (더 신중하게)

마지막으로, 이러한 규칙 없이 완전히 모양을 바꾸는 단어들도 있으니 아래 단어들은 잘 기억하세요.

good (좋은, 잘) → **better** (더 좋은, 나은) / **bad** (나쁜) → **worse** (더 나쁜)

Unit 10 [Sky Park]

하늘공원

1. 기본정보

주소 서울특별시 마포구 하늘공원로 108-1
문의 02-300-5500
홈페이지 http://worldcuppark.seoul.go.kr
운영시간 일몰시간 +2시간 후 이용 제한(자세한
　　　　 내용 홈페이지 참고)
입장료 무료
가는 방법(지하철)
• 6호선 월드컵경기장역 1번 출구로 나와
　평화의 공원을 거쳐 하늘공원으로 연결
　(도보 30분 소요)

2. 잠깐! 가기 전 알아두면 좋아요!

• 공원이용 시 참고하세요.
　→ 하늘공원은 월드컵 공원에 있는 5개의 공원 중 하나에
　　 요. 시간 여유가 된다면 다른 공원도 방문해보세요.
　→ 하늘공원에는 그늘이 거의 없고 많이 걸어야 하기 때문
　　 에 편한 신발을 신고 가세요.
　→ 가을에 가면 멋진 억새를 구경할 수 있어요.
　→ 하늘공원에서는 1회용품을 사용할 수 없어요.
　→ 환경을 생각해 편의시설이 많이 없어요. 물과 간식을
　　 미리 준비하세요.
• 교과서를 미리 보고 가도 좋아요.
　5학년 1학기 사회 2. 환경과 조화를 이루는 국토

엄마와 함께 하늘공원으로 영어여행을 떠날 거예요. 여행을 가기 전에 다음 글 속에 숨어있는 영어단어의 의미를 생각하며 엄마와 함께 읽어보아요.

하늘공원은 2002년 월드컵을 기념하여 난지도에 만든 5개의 **park**^{공원} 중 하나에요. **Sky**^{하늘}와 가장 가까운 공원이라 해서 **Sky Park**^{하늘공원}라고 불려요. 난지도에 월드컵 공원이 만들어지기 전까지 이 곳은 **landfill**^{쓰레기매립지}이였어요. **Landfill**^{쓰레기매립지}이란 사람들이 사용하고 버린 **garbage**^{쓰레기}를 모아 놓는 곳이에요. 난지도에 **garbage**^{쓰레기}가 모여 100m 높이의 쓰레기 산을 만들었대요. 그러면서 많은 **problem**^{문제}이 생겼어요. 이 **garbage**^{쓰레기}들이 **soil**^{토양}과 **air**^{공기}를 **dirty**^{더러운}하게 만들었기 때문이에요. 더 좋은 생활 환경을 위해 쓰레기 산 **top**^{꼭대기}에 60cm 정도의 **soil**^흙을 **cover**^{덮다}해서 지금의 하늘공원을 만들었어요. 그래서 **Sky Park**^{하늘공원} 밑에는 아직도 **garbage**^{쓰레기}가 묻혀 있답니다. 하지만 걱정하지 마세요. 쓰레기 더미가 내뿜는 나쁜 가스는 천연연료로 사용되니까요. 그리고 하늘공원에 있는 커다란 5개의 **windmill**^{풍차}은 **wind**^{바람}를 이용해 **energy**^{에너지}를 만들고 이렇게 만들어진 **energy**^{에너지}는 공원의 가로등을 켜는데 사용돼요. 우리의 마음가짐에 따라 소중한 지구가 쓰레기장이 될 수도 있고 아름다운 공원이 될 수 있다니 놀랍지 않나요? 자, 이제 쓰레기매립지에서 우리들의 멋진 휴식지로 바뀐 하늘공원으로 가봅시다. 그리고 하늘과 맞닿은 하늘공원에서 서울의 풍경을 한눈에 구경해 보아요.

빈칸에 적절한 알파벳을 넣어 단어를 완성해 보아요.

정답은 앞 페이지에 모두 있어요.

하늘	[skai]		k	y		

| 쓰레기 | [gáːrbidʒ] | | a | r | b | a | | e |

| 문제 | [prábləm] | | r | o | | l | e | m |

| 흙, 토양 | [sɔil] | | o | i | l |

| 공기 | [ɛər] | a | i | |

| 더러운 | [dəːrti] | d | i | r | | y |

| 꼭대기 | [tɔp] | t | | p |

| 덮다 | [kʌvər] | c | o | | e | r |

| 바람 | [wind] | w | | n | |

| 에너지 | [énərdʒi] | e | | e | r | | y |

위에서 배운 단어를 활용하여 다음 문장을 완성해 보아요.

1. _____ Park used to be a landfill. 하늘공원은 쓰레기매립지였어요.

2. The large amount of garbage made the air, _____, and water dirty in nearby neighborhoods.

   많은 양의 쓰레기가 그 주변 동네의 공기, 흙, 그리고 물을 더럽게 만들었어요.

3. Sky Park was built on _____ of the mountain of _____.

   하늘공원은 쓰레기 산 꼭대기 위에 지어졌어요.

   * used to ～하곤 했다. (과거 한때는) ～였다

정답 1. Sky 2. soil 3. top, garbage

하늘공원과 관련된 영어단어들을 잘 알아 두었나요? 엄마와 빈칸에 적절한 단어를 넣어 다음 대화를 완성해 보아요.

♫ MP3 10-01

What did Sky Park used to be? 하늘공원은 예전엔 뭐였을까?

It used to be a landfill. 쓰레기매립지였어요.

Why did the government turn the landfill into a green park? 왜 정부(나라)에서는 쓰레기매립지를 녹지공원으로 바꾸었을까?

Because people had a _____ with the landfill.
쓰레기매립지 때문에 문제가 있었어요.

What problem? 어떤 문제?

The large amount of _____ made the air, soil, and water _____ in nearby neighborhoods.
많은 양의 쓰레기가 그 주변 동네의 공기, 흙, 물을 더럽게 만들었어요.

How did they change the landfill into a park?
쓰레기매립지를 어떻게 공원으로 바꾸었을까?

They covered it with _____ and then built the park on _____ of it. 쓰레기매립지를 흙으로 덮고 쓰레기매립지 꼭대기 위에 공원을 지었어요.

정답 problem, garbage, dirty, soil, top

드디어 하늘공원에 도착했어요! 아래의 지도를 보며 질문에 대한 답을 찾아 보아요. 답을 찾기가 어려운 친구는 ● Help!(도와줘요.) 부분을 보면 도움을 받을 수 있어요. 자, 시작해 볼까요?

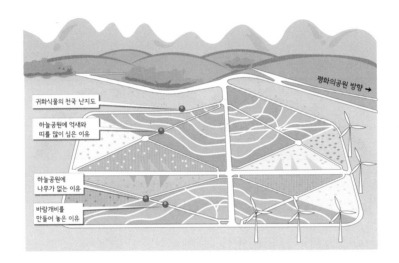

1. 하늘공원은 풍력에너지를 이용해서 전기를 만들어요. 이렇게 만든 전기는 어떻게 이용할까요?

   ● **Help!** '바람개비를 만들어 놓은 이유' 부분을 참고하세요.

2. 하늘공원에 나무가 거의 없는 이유는 무엇일까요?

   ● **Help!** '하늘공원에 나무가 없는 이유' 부분을 참고하세요.

3. 하늘공원에 억새를 많이 심은 이유가 무엇일까요?

   ● **Help!** '하늘공원에 억새와 띠를 많이 심은 이유' 부분을 참고하세요.

4. 귀화식물이란 무엇인가요?

   ● **Help!** '귀화식물의 천국 난지도' 부분을 참고하세요.

잠깐 O X 퀴즈!

❶ 노을공원은 또 다른 쓰레기 산 위에 지어진 공원이다. (   )

❷ 쓰레기매립지를 공원으로 만든 곳이 다른 나라에도 있다. (   )

정답 ❶ (O), ❷ (O)

'하늘을 담은 그릇' 전망대로 가봅시다. 하늘과 가장 가까운 공원이라 불리는 하늘공원은 난지도에서 가장 높은 곳에 있어요. 그래서 하늘공원 전망대에서는 서울 시내를 한눈에 볼 수 있답니다. 엄마와 함께 서울의 어떤 모습이 보이는지 찾아보아요.

♫ MP3 10-02

Can you guess why this place is called Sky Park?
이곳이 왜 하늘공원이라 불리는지 아니?

Because it's the highest place in Nanjido, and it is really high in the sky.
왜냐하면 이곳이 난지도에서 가장 높은 곳에 있어서요. 정말 하늘 높은 곳에 있어요.

Right. It also has a great view of Seoul.
맞아. 그래서 서울의 멋진 경치를 볼 수 있어.

I can see really far from up here. 여기 위에서는 아주 멀리까지 볼 수 있어요.

What can you see? 뭐가 보여?

I can see Bukhansan and the Han River. 북한산과 한강이 보여요.

What else? 또?

I can see Namsan and the 63 Building too. 남산이랑 63빌딩도 보여요.

Right, from here you can see Seoul in all directions.
맞아. 여기서는 서울의 모든 곳을 볼 수 있어.

하늘공원에서 엄마와 함께 즐거운 시간을 보냈나요? 하늘공원에서 알게
된 내용을 생각하며 엄마와 함께 대화해 보아요.

🎵 MP3 10-03

Do you remember seeing windmills in the park?
공원에서 풍차 본 것 기억나지?

Yes. I do. There were five windmills. 네, 기억나요. 다섯 개의 풍차가 있었어요.

What do they do? 어떤 일(역할)을 하지?

They produce wind energy. 풍력에너지를 만들어요.

How is it used? 그 에너지는 어떻게 이용될까?

It is used to turn on the street lights in the park.
그 에너지는 공원의 가로등을 켜는데 사용돼요.

Right. That is called renewable energy. Why should we
use renewable energy?
맞아. 그런 것들을 대체에너지라고 불러. 대체에너지를 왜 사용해야 할까?

Because it is better for our environment. 우리 환경에 더 도움이 되기 때문에요.

지금까지 배운 영어단어와 내용들을 생각하며 아래 문장을 완성해 보아요. 빈칸의 단어를 이용하면 아래 단어퍼즐이 완성된답니다.

Across(가로)

1. Wind energy is used to turn on the street _____s in the park. 풍력에너지는 공원의 가로등을 켜는데 사용돼요.

3. People had a _____ with the landfill.
쓰레기매립지 때문에 문제가 있었어요.

5. Windmills _____ wind energy. 풍차는 풍력에너지를 만들어요.

Down(세로)

2. Sky Park has a _____ view of Seoul.
하늘공원에서는 서울의 멋진 경치를 볼 수 있어.

3. Sky _____ used to be a landfill. 하늘공원은 쓰레기매립지였어요.

4. Renewable energy is _____ for our environment.
대체에너지는 우리 환경에 더 도움이 돼요.

정답   1. light   2. great   A3. problem   D3. Park   4. better   5. produce

엄마가 들려주는 문법 이야기

위치와 장소를 설명해 주는 친구들

하늘공원은 쓰레기 산 위에 만들어진 공원이에요. 쓰레기 산 위에 흙을 덮고 식물을 심어 지금의 하늘공원을 만들었어요. 그래서 하늘공원 땅 밑에는 아직도 많은 쓰레기가 묻혀 있어요.

Sky Park was built on top of the mountain of garbage.
하늘공원은 쓰레기 산 위에 지어졌어요.

There is garbage under the park. 그 공원 아래에는 쓰레기가 있어요.

위 문장에서 on(~위에)은 하늘공원이 어디에 만들어졌는지 설명하고 있어요. 또 under(~아래에)는 쓰레기가 어디에 있는지 이야기하고 있어요. on과 under처럼 어떤 사물 앞에 와서 위치를 나타내는 역할을 하는 단어를 '전치사'라고 해요. 이렇게 위치와 장소를 나타낼 수 있도록 도와주는 친구들이 여러 개 있답니다. 아래 그림을 살펴볼까요?

고양이는 긴 다리와 꼬리가 있어 높은 곳도 잘 올라가요. 그리고 숨바꼭질도 좋아하는 동물이에요. 이렇게 집안 이곳 저곳을 자유롭게 돌아 다니는 고양이 때문에 고양이와 놀고 싶으면 항상 찾아 다녀야 해요. 아래 그림을 보며 자유로운 고양이가 어디에 있는지 표현해 볼까요?

The cat is on the table. 고양이가 테이블 위에 있어요.

The cat is under the table. 고양이가 테이블 아래에 있어요.

The cat is in the box. 고양이가 상자 안에 있어요.

그렇다면 ~앞에/~뒤에는 어떻게 표현할 수 있을까요?

The cat is in front of the box. 고양이가 상자 앞에 있어요.

The cat is behind the box. 고양이가 상자 뒤에 있어요.

연습문제

이번엔 강아지가 어디에 있는지 찾아보고 위치에 맞게 알맞은 전치사를 써보세요.

1. Where is the dog? 강아지는 어디에 있나요?

   The dog is _____ the house. 강아지는 집 안에 있어요.

2. Where is the dog? 강아지는 어디에 있나요?

   The dog is _____ the roof. 강아지는 지붕 위에 있어요.

3. Where is the dog? 강아지는 어디에 있나요?

   The dog is _____ the tree. 강아지는 나무 아래에 있어요.

4. Where is the dog? 강아지는 어디에 있나요?

   The dog is ___ _____ ____ the car.

   강아지는 자동차 앞에 있어요.

5. Where is the dog? 강아지는 어디에 있나요?

   The dog is _____ the car.

   강아지는 자동차 뒤에 있어요.

정답 1. in 2. on 3. under 4. in front of 5. behind

Waterworks Museum

수도박물관

1. 기본정보

주소 서울 성동구 성수동1가 642-1

문의 02-3146-5921

홈페이지 http://arisumuseum.seoul.go.kr

운영시간 3월~10월(10:00~20:00) / 11월~2월

(10:00~19:00)

(주말 및 공휴일은 1시간 일찍 닫음)

입장료 무료

가는 방법(지하철)

• 2호선 뚝섬역 1번 출구로 나와 버스 (2224번,
  2413번) 탑승
• 분당선 서울숲역 3번 출구로 나와 도보 5분

2. 잠깐! 가기 전 알아두면 좋아요!

• 관람 해설이 있어요.
  7세 이상 신청 가능
  홈페이지에서 미리 신청하세요. (2가지 코스 중 선택 가능)
• 교과서를 미리 보고 가도 좋아요.
  3학년 1학기 과학 4. 지표의 변화
  4학년 2학기 과학 2. 물의 상태 변화

시작 전
몸풀기
01

엄마와 함께 **수도박물관**으로 영어여행을 떠날 거예요. 여행을 가기 전에 다음 글 속에 숨어있는 영어단어의 의미를 생각하며 엄마와 함께 읽어보아요.

Water물는 동물과 식물이 살아가는데 꼭 필요해요. 우리가 사는 지구의 70%는 **water**물로 이루어져 있고 지구에 있는 **water**물는 쉬지 않고 움직이면서 하늘과 땅을 여행해요. 바닷물이나 강물이 햇빛을 받아 물방울이 되어 하늘로 올라가서 **cloud**구름를 만들고 **cloud**구름가 무거워지면 **rain**비이 되어 땅에 **fall**떨어지다해요. 이렇게 내린 **rain**비은 다시 강물이 되거나 땅속에 흡수되고 강물은 다시 바다로 흘러 들어갑니다. 이런 과정이 계속해서 일어나야 동물과 식물이 건강하게 살 수 있어요. 우리 몸도 지구와 같이 70%가 물로 이루어져 있는데요. 우리 몸 속에 있는 물도 쉬지 않고 움직이면서 우리 몸을 건강하게 만든답니다. 우리는 건강한 몸을 **keep**유지하다하기 위해 **every day**매일 물을 **drink**마시다해요. 그리고 **drink**마시다하는 물 이외에도 빨래, 설거지, 목욕을 하기 위해 물을 사용하죠. 옛날에는 집집마다 수도시설이 갖추어지지 않아 물장수에게 물을 사서 사용하던 때도 있었지만, 요즘에는 **home**집이나 **school**학교에서 수도꼭지만 틀면 쉽게 물을 얻을 수 있어요. 편리하게 물을 사용하게 된 만큼 물을 아껴 쓰고 **waste**낭비하다하지 않는 우리의 노력이 필요하다는 사실 잊지 마세요! 자, 이제 수도박물관으로 가서 물에 대해 더 자세히 배워 보아요.

빈칸에 적절한 알파벳을 넣어 단어를 완성해 보아요.
정답은 앞 페이지에 모두 있어요.

구름	[klaud]	c	l	o		d
비	[rein]	r	a	i		
떨어지다	[fɔːl]		a	l	l	
유지하다, 가지다	[kiːp]		e	e	p	
매, 모든	[évriː]		v	e	r	y
날	[dei]		a	y		
(물을) 마시다	[driŋk]		r	i	n	
집	[houm]	h		m	e	
학교	[skuːl]		c	h		l
낭비하다	[weist]	w	a		t	e

위에서 배운 단어를 활용하여 다음 문장을 완성해 보아요.

1. I _____ water every day. 나는 매일 물을 마셔요.

2. The water in rivers comes from _____ and flows out to the
   sea. 강에 있는 물은 비로부터 오고 바다로 흘러가요.

3. We shouldn't _____ water. 우리는 물을 낭비하면 안 돼요.

정답 1. drink 2. rain 3. waste

수도박물관과 관련된 영어단어들을 잘 알아 두었나요? 엄마와 빈칸에 적절한 단어를 넣어 다음 대화를 완성해 보아요.

🎵 MP3 11-01

How often do you drink water? 얼마나 자주 물을 마시니?

I _____ water _____. 매일 물을 마셔요.

Do you know where drinking water comes from?
마시는 물이 어디서 오는지 아니?

It probably comes from a river. 아마도 강에서 올 거예요.

Right. Where does the water in rivers come from and go
to? 맞아. 그럼 강물은 어디에서 오고 어디로 가지?

The water in rivers comes from _____ and flows out
to the sea. 강에 있는 물은 비로부터 오고 바다로 흘러나가요.

Why does it rain? 비는 왜 오지?

When _____s become heavy, they _____ to
Earth as rain. 구름이 무거워지면 비가 되어 내려요.

정답 drink, every day, rain, cloud, fall

현장 체험 하기 드디어 수도박물관에 도착했어요! 아래의 지도를 보며 질문에 대한 답을 찾아 보아요. 답을 찾기가 어려운 친구는 ● Help!(도와줘요.) 부분을 보면 도움을 받을 수 있어요. 자, 시작해 볼까요?

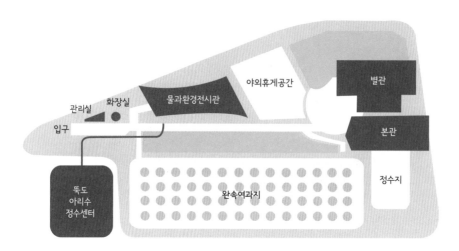

1. 우리나라 인구 전체의 절반이 사용하는 물은 어디에서 얻는 걸까요?

   ● **Help!** 물과환경전시관 '생명의 탯줄, 한강' 부분을 참고하세요.

2. 몸 속에서 물이 하는 일은 어떤 것들이 있을까요?

   ● **Help!** 물과환경전시관 '생명의 근원, 물' 부분을 참고하세요.

3. 빨래, 설거지, 샤워 중 어떤 일을 할 때 물이 가장 많이 오염될까요?

   ● **Help!** 물과환경전시관에 있는 화살표를 직접 돌려보고 답을 찾아보세요.

4. 수도시설이 각 가정에 없었던 옛날에는 어떻게 물을 얻었을까요?

   ● **Help!** 별관을 찾아가면 답을 얻을 수 있어요.

잠깐 O X 퀴즈!

❶ 고려시대에는 한강을 아리수라고 불렀다. (　　)

❷ 서울에는 마실 물이 부족한 적이 없었다. (　　)

정답 ❶ (O). ❷ (X) 광복 이후 서울에는 마실 물이 없어 물을 구하러 다녀야 했다.

물과환경전시관에는 내 몸 속에 있는 물의 양을 측정해 볼 수 있는 기계가 있어요. 내 몸의 몇 %가 물로 이루어져 있는지 알아볼까요?

♫ MP3 11-02

Water is inside us.

미션을 수행하며 엄마와 함께 대화해 보아요.

Do you know how much water is inside us?
우리 몸의 몇 퍼센트가 물로 이루어졌는지 알아?

I learned that about 70% of our body is water.
우리 몸의 70%가 물이라고 배웠어요.

You're right. But, this can change depending on age, height, and weight. 맞아. 하지만 나이, 키, 몸무게에 따라 달라질 수 있어.
Let's see how much of your body is water.
네 몸에 물이 얼마나 있는지 알아보자.

Okay, great. 네, 좋아요.

You should fill in the blanks on the screen. 화면 속 빈칸을 채워야 해.
Type in your age, height and weight into the blanks, too.
And then, place your right hand on the machine.
나이, 키, 몸무게를 빈칸에 적으렴. 그리고 나서 오른손을 기계 위에 놓아.

Wow! ____% of my body is water. 왜! 제 몸의 ___%가 물이에요.

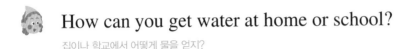

수도박물관에서 엄마와 함께 즐거운 시간을 보냈나요? 수도박물관에서 알게 된 내용을 생각하며 엄마와 함께 대화해 보아요.

♪ MP3 11-03

How can you get water at home or school?
집이나 학교에서 어떻게 물을 얻지?

I turn on the tap and water comes out. I can't live without water. 수도꼭지를 틀면 물이 나와요. 물 없이는 살 수 없어요.

You're right. 맞았어.
But, sometimes we waste water. 하지만 우리는 때때로 물을 낭비하곤 해.

We shouldn't waste water. 물은 낭비하면 안 돼요.
We should save water and keep it clean.
우리는 물은 아끼고 깨끗하게 유지해야 해요.

Right. What's one thing we can do to save water?
맞아. 우리가 물을 아끼기 위해 할 수 있는 일 한가지가 뭐가 있을까?

We can turn the tap off when we brush our teeth.
이를 닦을 때 수도꼭지를 잠가야 해요.

Right. 맞아.

지금까지 배운 영어단어와 내용들을 생각하며 아래 문장을 완성해 보아요. 빈칸의 단어를 채우며 아래 암호를 풀어봅시다. 문장에서 단어를 완성한 후 기호에 맞게 알파벳을 넣어보면 숨겨진 암호를 알 수 있어요.

1. When clouds become ◐ ◎ ⬛⬛⬛⬛⬛ , they fall to Earth as rain.

   구름이 무거워지면 비가 되어 내려요.

2. We should save water and ◐ ◐ ⬝⬝ ⬛⬛⬛⬛ it clean.

   우리는 물을 아끼고 깨끗하게 유지해야 해요.

3. I ✳ ⬛⬛⬛⬛ on the tap and water comes out. 수도꼭지를 틀면 물이 나와요.

4. We can turn the tap off when we ◆ ⬛⬛⬛⬛⬛ our teeth.

   이를 닦을 때 수도꼭지를 잠가야 해요.

5. We shouldn't ♠ ◐ ⬛⬛⬛⬛⬛ water. 우리는 물을 낭비하면 안 돼요.

암호   ✳ ◎ ⬝⬝   ♠ ◎ ✳ ◐ ◆

정답   1. heavy   2. keep   3. turn   4. brush   5. waste
암호   tap water

그게 아니에요!

수도박물관에 다녀온 후 물이 우리 몸에 얼마나 중요한지 배웠어요. 그리고 내 몸 속의 물의 양을 유지하기 위해서는 하루에 2리터 정도의 물을 마시는 게 좋다는 사실을 알았어요.

I drink 2 liters of water every day. 나는 매일 2리터의 물을 마셔요.

2리터의 물을 마신다는 것은 컵으로 8잔의 물을 하루에 마신다는 건데, 생각보다 물 마시기가 쉽지 않을 수도 있어요.

그럴 경우에 나는 8잔의 물을 마시지 않고, 6잔만 마신다고 표현하고 싶다면 어떻게 해야 할까요?

I don't drink 8 cups of water, but I drink 6 cups every day.
나는 8잔의 물을 마시지 않아요. 하지만, 6잔의 물을 매일 마셔요.

아래의 표를 함께 살펴보아요.

I You We They	don't (=do not)	drink 8 cups of water every day
She He	doesn't (=does not)	

8잔의 물을 마시지 않는 사람이 I, you, we, they인 경우에는 do not을 쓰고, he나 she 와 같이 한 사람을 나타낼 경우에는 does not을 써요. do not은 don't라고 줄여서 쓰고, does not은 doesn't라 줄여서 자주 사용한답니다. 그리고 don't/doesn't 뒤에는 동사가 원래 모양 그대로 오니 혼동하지 마세요. (Unit 05. 엄마가 들려주는 문법 이야기를 참고하세요. p62)

자, 그럼 이제 일반동사가 아닌 am/are/is와 같은 be동사가 있는 문장에서는 어떻게 '그 게 아니다'라는 표현으로 바꿀 수 있을지 알아 보아요.

be동사에도 위와 같이 아니라는 표현의 not을 붙여주면 돼요. (Unit 06. 엄마가 들려주는 문법 이야기를 참고하세요. p72)

I	am not	a teacher
You	aren't (=are not)	a pliot
We They		doctors
She He	isn't (=is not)	a boy a girl

be동사도 마찬가지로 aren't/isn't라고 더 많이 써요.
하지만 I am not은 다른 be동사들과 달리 I'm not으로 줄여 그대로 쓴다는 사실 잊지 마세요.

Unit 12 [Seodaemun Museum of Natural History]

서대문 자연사박물관

1. 기본정보

주소 서울특별시 서대문구 연희로 32길 51
문의 02-330-8899
홈페이지 http://namu.sdm.go.kr/index.asp
운영시간 10:00~18:00
       (동절기 17:00, 매주 월요일 휴관)
입장료 어린이 2,000원/청소년 3,000원/어른
       6,000원
가는 방법(지하철)
• 3호선 홍제역 4번 출구 버스 탑승(7738)
• 2호선 신촌역 3, 4번 출구 버스 탑승
  (서대문03)

2. 잠깐! 가기 전 알아두면 좋아요!

• 효과적인 학습을 위해 학습지를 미리 출력해가면 좋아요.
  홈페이지 → 이용안내 → 관람학습도우미 부분에서
  출력하세요.
• 박물관 투어 프로그램이 있어요.
  주말 운영 (단, 1월, 8월은 주중 운영)
• 교과서를 미리 보고 가도 좋아요.
  4학년 2학기 과학 4. 지구와 달
  5학년 2학기 과학 4. 태양계와 별
  6학년 1학기 과학 1. 지구와 달의 운동

시작 전
몸풀기
01

엄마와 함께 서대문 자연사박물관으로 영어여행을 떠날 거예요. 여행을 가기 전에 다음 글 속에 숨어있는 영어단어의 의미를 생각하며 엄마와 함께 읽어보아요.

Earth^{지구}는 태양계에 있는 **planet**^{행성} 중에서 **sun**^{태양}과 세 번째로 가까운 **planet**^{행성}이에요. **Space**^{우주}에는 **sun**^{태양}, **moon**^달, 8개의 **planet**^{행성}과 수 많은 **star**^별들이 있어요. 하나의 **planet**^{행성}이 생겨나기 위해서는 수많은 폭발과 충돌을 거쳐야 해요. **Earth**^{지구}도 **space**^{우주}에 떠다니는 수 만개의 돌이 **crash**^{부딪히다}하고 합쳐지면서 만들어 졌어요. 그런데 처음부터 지구에 **life**^{생명}가 **exist**^{존재하다}할 수 있었을까요? 지구가 **form**^{형성하다}되고 사람이 살 수 있는 환경이 되기 까지는 아주 오랜 시간이 걸렸어요. 처음에 지구가 **form**^{형성하다}되었을 때는 운석 충돌이 만들어내는 열 때문에 아주 **hot**^{뜨거운}했어요. 하지만 시간이 많이 흐르고 충돌이 점점 없어지면서 아주 **hot**^{뜨거운}했던 **Earth**^{지구}가 서서히 식기 시작했어요. **Earth**^{지구}가 서서히 식으면서 **rain**^비이 내렸고, 이렇게 내린 비는 **sea**^{바다}를 만들었어요. 우리가 사는 지구의 70%가 **sea**^{바다}로 이루어져 있다는 사실 알고 있죠? 그래서 지구에서 처음 **life**^{생명}가 살기 시작한 곳도 **sea**^{바다}라고 해요. 지구 환경이 변하면서 어떤 동·식물은 사라지고, 또 어떤 동·식물은 새로 생겨나는 과정이 여러 번 반복되면서 지금 지구의 모습이 만들어졌어요. 그래서 지금은 **Earth**^{지구}가 8개의 **planet**^{행성} 중 **only**^{유일한}하게 **life**^{생명}가 **exist**^{존재하다}하는 곳이에요. 서대문 자연사박물관은 **Earth**^{지구}의 탄생부터 **life**^{생명}가 **exist**^{존재하다}하게 되기까지의 모습을 보여주고 있어요. 자, 이제 서대문 자연사박물관으로 가서 지구가 어떻게 탄생했으며 지금의 모습이 되기까지 어떤 과정을 거쳐왔는지 알아보아요.

빈칸에 적절한 알파벳을 넣어 단어를 완성해 보아요.
정답은 앞 페이지에 모두 있어요.

지구	[ə:rɵ]	E	a		t	h
행성	[plænət]		l	a	e	t
우주	[speis]		p	a	c	e
해	[sʌn]		u	n		
달	[muːn]	m		n		
별	[stɑːr]		t	a	r	
만들다, 형성하다	[fɔːrm]	f		r	m	
뜨거운	[hat]	h		t		
오직, 하나의	[óunli]	o		l	y	
생명	[laif]	l	i		e	

위에서 배운 단어를 활용하여 다음 문장을 완성해 보아요.

1. Earth is the _____ planet where animals and plants live.

   지구는 동물과 식물이 사는 유일한 행성이에요.

2. Earth was very _____ when it was first _____ed.

   지구가 처음 만들어졌을 때 지구는 아주 뜨거웠어요.

3. _____ has changed a lot over a long time. Now, people and animals are able to live on it.

   지구는 오랜 시간 동안 많이 변했어요. 지금은 사람과 동물이 지구에 살 수 있어요.

정답   1. only   2. hot, form   3. Earth

서대문 자연사박물관과 관련된 영어단어들을 잘 알아 두었나요? 엄마와 빈칸에 적절한 단어를 넣어 다음 대화를 완성해 보아요.

♬ MP3 12-01

What can you see when you look up at the sky?
하늘을 올려다보면 무엇을 볼 수 있어?

I can see the _____ in the day and the _____ and stars at night. 낮에는 해를 볼 수 있고, 밤에는 달과 별을 볼 수 있어요

What planet do we live on? 우리가 살고 있는 행성은 어디일까?

We live on _____. 우리는 지구에 살아요

How is Earth different from other planets?
지구가 다른 행성과 다른 점은 뭘까?

Earth is the _____ planet where life exists.
지구는 생명이 있는 유일한 행성이에요.

Has Earth always looked like it does today?
지구의 모습은 지금 모습과 항상 같았을까?

No, it hasn't. Earth was very _____ when it was first formed. 아니요. 처음 지구가 만들어졌을 때 지구는 아주 뜨거웠어요.

정답   sun, moon, Earth, only, hot

드디어 **서대문 자연사박물관**에 도착했어요! 아래의 지도를 보며 질문에 대한 답을 찾아 보아요. 답을 찾기가 어려운 친구는 ● Help!(도와줘요.) 부분을 보면 도움을 받을 수 있어요. 자, 시작해 볼까요?

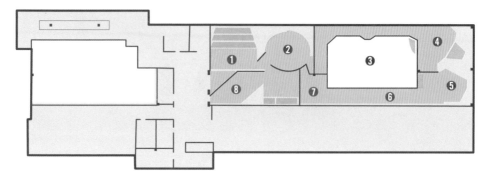

3층 지구환경관

❶ 지구의 탄생 ❷ 지구의 구조 ❸ 태양계 행성 ❹ 역동하는 지구
❺ 지질현상 ❻ 동굴 속 탐험 ❼ 광물과 암석 ❽ 한반도 30억 년 이야기

1. 지구의 나이는 약 46억 년이에요. 어떻게 지구의 나이를 알았을까요?

   ● **Help!** 지구환경관 지구의 탄생과 운석 부분을 참고하세요.

2. 운석은 주로 남극과 사막에서 많이 발견됩니다. 지금까지 발견된 70%의 운석이 남극과 사막에서 발견되었어요. 남극과 사막에서 많이 발견되는 이유는 뭘까요?

   ● **Help!** 지구환경관 지구의 탄생과 운석 부분을 참고하세요.

3. 지구는 여러 개의 판이 만나 이루어졌어요. 우리가 퍼즐 조각을 맞추는 것처럼 각기 다른 조각판이 만나 지금 대륙의 모습을 완성한 거죠. 지구는 몇 개의 판으로 이루어 졌을까요?

   ● **Help!** 지구환경관 지구의 구조–'판 맞추기 퍼즐'을 직접 맞춰보며 개수를 세어보세요.

4. 스스로 빛을 내는 천체를 항성이라고 하며, 지구에는 한 개의 항성인 태양이 있어요. 그렇다면 태양 주위를 도는 행성 8개는 무엇일까요?

   ● **Help!** 지구환경관 태양계 행성 부분을 참고하세요.

3층 지구환경관으로 가봅시다. 지구환경관에서는 탄생에 관한 영상물을 10분마다 상영합니다. 입체안경을 쓰고 지구의 탄생과정을 생생히 경험해 보세요. 영상물을 다 보고 난 후 엄마와 함께 대화해 보세요.

♫ MP3 12-02

How was it? 어땠어?

It was cool. It felt like the stones and rocks were real.
재미있었어요. 화면 속 돌과 운석이 진짜 같았어요.

How were planets in space formed? 우주에 행성이 어떻게 만들어졌을까?

Rocks in space crashed into each other for millions of years. Eventually, the rocks stuck together.
우주에 있는 돌과 운석들이 수백만 년 동안 서로 충돌했어요. 결국에는 운석들이 붙어서 서로 합쳐졌어요.

What happened next? 그러고 나서 어떤 일이 있었어?

This happened over and over again until the planets were formed. 행성이 만들어질 때까지 이런 일이 계속해서 일어났어요.

You're right. Earth was made just like that, too.
맞아. 지구도 이와 같은 과정으로 만들어졌어.

서대문 자연사박물관에서 엄마와 함께 즐거운 시간을 보냈나요? 서대문 자연사박물관에서 알게 된 내용을 생각하며 엄마와 함께 대화해 보아요.

♫ MP3 12-03

Do you remember lifting the rock at the museum?
박물관에서 돌을 들어 올렸던 것 기억하니? What was it? 그게 뭐였지?

It was a rock that fell to Earth from space.
우주에서 지구로 떨어진 돌이었어요.

Right. It's called a meteorite. Where are meteorites mostly found? 맞아. 그걸 운석이라고 해. 대부분의 운석은 어디서 발견되었을까?

They are mostly found in deserts and the South Pole.
대부분 사막이나 남극에서 발견되었어요.

Why? 왜 그랬을까?

Meteorites are easy to find there because most of them are black. 대부분의 운석은 검정색이라서 그곳에서 쉽게 찾을 수 있어요.

You know a lot about this. 운석에 대해 많이 아는구나.

* meteorite 운석

지금까지 배운 영어단어와 내용들을 생각하며 아래 문장을 완성해 보아요. 아래 상자에 있는 단어들을 활용해서 넣어봐요. 단, 철자가 뒤죽박죽 되어 있으니 엄마와 함께 필요한 단어를 생각하며 철자를 알맞게 넣어보아요.

s n u   **o m o n**

1. I can see the _____ in the day and the _____ and stars at night. 낮에는 해를 볼 수 있고, 밤에는 달과 별을 볼 수 있어요.

a t h r E

2. _____ was very hot when it was first formed. 처음 지구가 만들어졌을 때 지구는 아주 뜨거웠어요.

i f e l

3. Earth is the only planet where _____ exists. 지구는 생명이 있는 유일한 행성이에요.

c o k r

4. _____s in space crashed into each other for millions of years. 우주에 있는 돌과 운석들이 수백만 년 동안 서로 충돌했어요.

s y e a

5. Meteorites are _____ to find in deserts and the South Pole. 운석은 사막이나 남극에서 쉽게 찾을 수 있어요.

k l a b c

6. Most of meteorites are _____. 대부분의 운석은 검정색이에요.

정답 1. sun, moon 2. Earth 3. life 4. rock 5. easy 6. black

문장의 주인공이 바뀌었어요.

서대문 자연사박물관에 가면 진짜 운석을 직접 들어볼 수 있어요. 이 박물관에서 직접
들어볼 수 있는 운석은 아르헨티나에서 발견된 철질운석이에요. 이 운석에 대해 엄마와
이야기할 때 다음과 같이 말할 수 있어요.

Someone found a meteorite in Argentina.
어떤 사람이 아르헨티나에서 운석을 발견했어요.

A meteorite was found by someone in Argentina.
운석이 아르헨티나에서 발견되었어요.

첫 번째 문장과 두 번째 문장을 살펴보면 문장을 시작하는 단어가 서로 다르죠?
문장의 주인공이 someone(어떤 사람)에서 a meteorite(운석)으로 바뀌었어요. 왜 문장
의 주인공이 바뀌었을까요?
두 번째 문장을 말하는 사람은 '누가 운석을 발견했는지 정확히 모른다'거나 '누가 운석
을 발견했는지는 중요하지 않다'고 생각했기 때문이에요. 그래서 아르헨티나에서 발견
된 '운석'이 더 중요하다고 생각했기 때문에 문장 중간에 있던 'a meteorite(운석)'이라는
단어가 문장의 맨 처음으로 옮겨 왔어요. 이렇게 영어에서는 중요한 주인공은 문장 맨
앞에 써주고, 정확히 모르거나 중요하지 않다고 생각되는 것은 생략해 주기도 한답니다.
예를 들어, 우리 집 앞에 있는 예쁜 집이 작년에 지어졌다는 문장을 만들어 볼까요?

People built the beautiful house last year. 사람들이 작년에 그 예쁜 집을 지었다.

The beautiful house was built last year. 그 예쁜 집은 작년에 지어졌다.

이렇게 두 문장으로 쓸 수 있지만 누가 그 집을 지었는지 모르거나 누가 그 집을 지었는
지 중요하지 않을 때는 '그 집'이 주인공으로 있는 두 번째 문장을 사용한답니다.
이렇게 문장의 주인공이 바뀌는 또 다른 경우를 보세요.
문장의 주인공이 바뀌는 두 번째 이유는, 말 그대로 문장의 주인공을 새로 만들어 주려
는 거예요.

My mom loves me. 엄마는 나를 사랑해요.

위 문장에서는 '엄마'가 문장의 주인공이에요. 그런데 '엄마'가 아닌 '나'를 주인공으로 만

들어 '나는 엄마한테 사랑을 받아요.'라고 표현하고 싶을 때는 어떻게 해야 할까요?

I am loved by my mom. 나는 엄마한테 사랑을 받아요

어때요? I(나)가 문장 처음으로 옮겨지면서 내가 문장의 주인공이 되었어요. 그리고 내가 사랑을 받는다고 의미가 더 강조되었어요.

이와 같이 원래 문장에서 이야기하려는 주인공이 바뀌어서, 문장의 중간에 있는 단어가 맨 처음으로 오는 형태를 '수동태'라고 해요. 수동태 문장을 만들려면 어떻게 해야 할까요?

My mom loves me. 문장으로 엄마와 함께 천천히 다시 만들어 보아요.

먼저, 우리말에서 '~을, ~를' 자리에 오는 단어(목적어)를 문장 맨 앞으로 가져와요.

My mom loves me. 엄마는 나를 사랑해요.

I

'나'라는 의미의 me가 문장 맨 앞으로 옮겨오면서 '나는'이라는 의미의 주인공 I로 바뀌었어요. (Unit 08. 엄마가 들려주는 문법 이야기를 참고하세요. p94)

다음으로는 동사가 현재형인지, 과거형인지 생각하고 그 시점과 주인공에 맞게 be동사를 먼저 써줘요. 그리고 그 뒤에 원래 동사의 '과거분사'형도 써주세요.

My mom loves me. 엄마는 나를 사랑해요.

I am loved

위 문장에서 loves는 현재형이기 때문에 be동사의 현재형인 am, are, is 중 하나를 선택해요. 수동태로 바뀌는 문장의 주인공이 I이기 때문에 이 주인공에 맞는 am을 써주면 됩니다. (Unit 06. 엄마가 들려주는 문법 이야기를 참고하세요. p72) 그리고 그 뒤에 love의 과거분사형인 loved를 써주면 돼요.

마지막으로 원래 문장의 주인공을 by '~에게서, ~에 의해'와 함께 문장 뒤쪽에 적으면 된답니다.

My mom loves me. 엄마는 나를 사랑해요.

I am loved by my mom. 나는 엄마한테 사랑을 받아요.

짠! 수동태 문장이 완성되었어요. 이제는 나를 주인공으로 해서 엄마에게 사랑을 받고 있다고 말할 수 있겠죠?

Chapter 03

역사

History

Unit 13 [Amsa-dong Prehistoric Settlement Site]

서울 암사동 유적

1. 기본정보

주소 서울특별시 강동구 올림픽로 875
문의 02-3425-6520
홈페이지 http://sunsa.gangdong.go.kr
운영시간 화요일~일요일 9:30~18:00
입장료 학생(초·중·고등학생) 300원, 어른(대
학생 포함) 500원
가는 방법(지하철)
• 8호선 암사역 1번 출구에서 마을버스 02번
서울 암사동 유적 정문 앞 하차

2. 잠깐! 가기 전 알아두면 좋아요!

• 초등학생을 위한 문화유산 해설 시간이 있어요.
언제? 매주 화~금요일 10:00~17:00(하루 4번)
어떻게 신청하나요? 홈페이지를 통해 사전 예약을 하세요.
유적지에 대한 설명을 모두 들으려면 1시간 정도 걸려요.
• 교과서를 미리 보고 가도 좋아요.
3학년 2학기 사회 2. 달라지는 생활모습
4학년 1학기 사회 1. 촌락의 형성과 주민생활
5학년 1학기 사회탐구 1단원 1. 선사시대 사람들

엄마와 함께 **서울 암사동 유적**으로 영어여행을 떠날 거예요. 여행을 가기 전에 다음 글 속에 숨어있는 영어단어의 의미를 생각하며 엄마와 함께 읽어보아요.

암사동 유적지는 선사시대 사람들이 어떻게 **live**살다했는지 추측해 볼 수 있는 곳이에요. 1925년 한강 대홍수로 인해 유적지의 모습이 드러나고 유물이 발견되면서 6,000년 전 사람들이 어떻게 살았는지 상상해 볼 수 있게 되었어요. 유적지와 유물을 보고 우리는 6,000년 전 사람들이 **together**모여 살았으며 **fire**불를 **use**사용하다하고, **clothes**옷를 만들어 입었다는 것을 알 수 있게 되었어요. 강 주변의 땅은 **farm**농사를 짓다하기에 좋고 강에서는 물고기를 잡아 **food**음식를 **get**얻다할 수도 있었기 때문에 사람들은 강과 **near**가까운 한 곳에 집을 짓고 살았어요. 선사시대 사람들이 살던 **house**집는 우리가 **live**살다하는 집의 모양과 같았을까요? 아니에요. 선사시대 사람들은 땅에 구덩이를 파고 풀을 지붕처럼 덮어 집을 만들었어요. 그리고 선사시대 사람들은 **fire**불를 **use**사용하다해서 **cook**요리하다을 하고, 남은 음식을 저장하기 위한 그릇도 만들었답니다. 자, 이제 6,000년 전 사람들이 어떻게 생활했는지 살펴보러 떠나 볼까요?

빈칸에 적절한 알파벳을 넣어 단어를 완성해 보아요.
정답은 앞 페이지에 모두 있어요.

살다	[liv]	l	i		e
집	[haus]	h		u	s	e
가까운	[niər]		e	a	r
사용하다	[juːs]	u		e
농사를 짓다	[fɑːrm]	f	a	r	
옷	[klouðz]	c	l	o		e	s
함께, 모여	[təgéðəːr]	t	o	g	e		e	r
강	[rívəːr]	r		v	e	r
불	[faiər]	f		r	e
요리를 하다	[kuk]	c			k

위에서 배운 단어를 활용하여 다음 문장을 완성해 보아요.

1. They _____d together. 그들은 함께 모여 살았어요.

2. They used _____ to keep warm and _____.
   그들은 몸을 따뜻하게 하고 요리를 하기 위해 불을 사용했어요.

3. They lived near a _____ and _____ed.
   그들은 강 가까이 살고 농사를 지었어요.

정답 1. live   2. fire, cook   3. river, farm

서울 암사동 유적과 관련된 영어단어들을 잘 알아 두었나요? 엄마와 빈 칸에 적절한 단어를 넣어 다음 대화를 완성해 보아요.

♫ MP3 13-01

Where do we live? 우리는 어디서 살지?

We _____ in a house. 집에서 살아요.

Right, where did people live a long time ago?
맞아, 옛날에는 사람들이 어디에서 살았을까?

People lived in caves first. Then, they lived in dugout huts. 처음에 사람들은 동굴에서 살았어요. 그다음, 그들은 움집에서 살았어요.

How did they get food? 그들은 어떻게 음식을 구했을까?

They _____ed and fished. They lived _____ near a river to get food easily.
농사를 짓고 낚시를 했어요. 그들은 음식을 쉽게 구하기 위해 강 가까이에 함께 모여 살았어요.

Did they cook? 그들은 요리도 했을까?

Yes, they _____d fire to cook. 네, 그들은 요리를 위해 불을 사용했어요.

* a dugout huts 움집

정답 live, farm, together, use

드디어 **서울 암사동 유적지**에 도착했어요! 아래의 지도를 보며 질문에 대한 답을 찾아 보아요. 답을 찾기가 어려운 친구는 아래 ● Help!(도와줘요.) 부분을 보면 도움을 받을 수 있어요. 자, 시작해 볼까요?

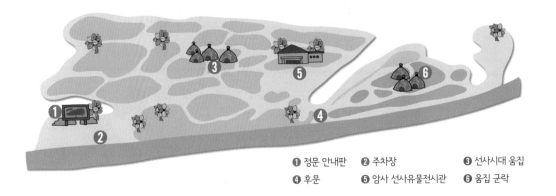

❶ 정문 안내판   ❷ 주차장   ❸ 선사시대 움집
❹ 후문   ❺ 암사 선사유물전시관   ❻ 움집 군락

1. 서울 암사동 유적은 어느 시대의 유적지인가요?

    ● Help! 정문 안내판을 참고하세요.

2. 선사시대 사람들은 어떤 모습의 집에서 살았었나요?

    ● Help! 선사시대 움집을 참고하세요.

3. 움집 안에서 불을 피울 경우 연기가 나는 것을 해결하기 위해 어떻게 집을 지었을까요?

    ● Help! 선사시대 움집 부분의 '체험움집'에 들어가 오디오 설명을 들어보세요.

4. 발굴된 유물에는 어떤 것들이 있나요?

    ● Help! 선사유물전시관을 참고하세요.

5. 선사시대 사람들의 생활 모습은 어땠을까요?

    ● Help! 선사유물전시관 선사생활 파노라마를 참고하세요.

잠깐 O X 퀴즈!

    ❶ 실제 빗살무늬토기는 국립중앙박물관에 있다. (   )
    ❷ 서울 암사동 유적은 지금까지 확인된 신석기 유적 중 최대 마을단위 유적이다. (   )

정답 ❶ (O), ❷ (O)

제2전시관 체험코너에는 선사시대 사람들이 불을 어떻게 만들었는지 체험해 볼 수 있어요. 선사시대로 타임머신을 타고 가서 그 시절 사람들처럼 불을 만들어 봅시다.

🎵 MP3 13-02

미션을 수행하며 엄마와 함께 대화해 보아요.

Do you know how people made fire in the prehistoric period? 선사시대 사람들이 불을 어떻게 만들었는지 아니?

They made fire by rubbing two wooden sticks together.
그 시절 사람들은 두 개의 나무 막대기를 비벼서 불을 만들었어요.

Right. Do you want to try? 맞아. 한번 해볼래?

I want to try. 해보고 싶어요.

Ok, grab two sticks and rub them together.
그래, 막대기를 잡고 두 개를 같이 문질러봐.

It may take a long time. 시간이 오래 걸릴 것 같아요.

It wasn't easy to make fire. But, it was a huge discovery for that time. 불을 얻는 건 쉽지 않았단다. 하지만 그 시절엔 위대한 발견이었어.

* prehistoric period 선사시대

서울 암사동 유적에서 엄마와 함께 즐거운 시간을 보냈나요? 서울 암사동 유적에서 알게 된 내용을 생각하며 엄마와 함께 대화해 보아요.

🎵 MP3 13-03

How did people live a long time ago? 옛날 사람들은 어떻게 살았지?

They lived together near a river. 옛날 사람들은 강 가까이에 모여 살았어요.

Anything else? 그리고 또?

They farmed, fished, and made clothes.
그들은 농사를 짓고, 고기를 잡고, 옷을 만들어 입었어요.

How do we know that? 우리는 그런 것들을 어떻게 알 수 있었을까?

Because we found some settlement sites and the things they made and used.
왜냐하면, 옛날 사람들이 살았던 집터와 그들이 만들고 사용했던 물건들을 발견했기 때문이에요.

Right, that's how we know how people lived in the prehistoric period. 맞아, 그래서 우리는 선사시대를 추측할 수 있는 거야.

확인 학습

지금까지 배운 영어단어와 내용들을 생각하며 아래 문장을 완성해 보아요. 빈칸의 단어를 이용하면 아래 단어퍼즐이 완성된답니다.

Across(가로)

1. People farmed, fished, and made _____.

사람들은 농사를 짓고, 고기를 잡고, 옷을 만들어 입었어요.

3. It wasn't _____ to make fire for that time.

그때는 불을 만드는 것이 쉽지 않았어요.

4. We found some settlement sites and the things they made and _____d.

우리는 옛날 사람들이 살았던 집터와 그들이 만들고 사용했던 물건들을 발견했어요.

5. People lived near a _____ and farmed.

사람들은 강 가까이 살고 농사를 지었어요.

Down(세로)

1. People used fire to _____. 사람들은 요리를 하기 위해 불을 사용했어요.

2. They lived _____ near a river. 그들은 강 가까이에 모여 살았어요.

정답   A1. clothes   D1. cook   2. together   3. easy   4. use   5. river

엄마가 들려주는 문법 이야기

과거 여행을 떠날 수 있게 도와주는 -ed

우리말에서도 예전에 일어났던 일을 설명할 때와 지금 일어나고 있는 일을 설명할 때 쓰는 표현이 다르죠? 암사동 유적지에서 알게 된 사실처럼 옛날 사람들은 한강 가까이에 살고 있었어요. 그들이 지금도 한강 가까이에 살고 있나요? 아니에요. 지금은 그곳에 살고 있지 않아요. 그들은 현재가 아닌 과거에 한강 가까이에서 살았어요.

그래서 They live near the Han river.가 아니라 They lived near the Han river.라고 해야 하는 거예요. live(살다)라는 동사에 알파벳 -d가 붙어 옛날에 있었던 일이라는 걸 알려주는 거예요. 그렇다면 영어로는 어떻게 과거의 일을 설명할 수 있는지 그 규칙을 알아볼까요?

live와 같이 알파벳 e로 끝나는 동사에는 그냥 d만 붙여도 된답니다. 그리고 나머지 대부분의 동사에는 -ed를 붙여주세요.

They used fire to keep warm and cook.
그들은 몸을 따뜻하게 하고 요리를 하기 위해 불을 사용했습니다.

They farmed and fished. 그들은 농사를 짓고 낚시를 했습니다.

위의 문장들을 보세요. 어때요? -d 또는 -ed가 붙어서 예전에 그랬었다는 사실을 말해주고 있어요.

예전에 있었던 일을 표현할 때 -ed만 붙여서 과거로 시간여행을 떠날 수 있다면 얼마나 좋을까요? 하지만 어떤 단어들은 예전에 있었던 일을 나타내기 위해 모습을 완전히 새롭게 바꾸는 경우도 있어요.

두 문장을 살펴봅시다.

I eat an ice cream every day. 나는 매일 아이스크림을 먹어요.

I ate an ice cream yesterday. 나는 어제 아이스크림을 먹었어요.

앞의 두 문장 중 과거에 있었던 일을 설명하는 문장은 무엇인가요? yesterday '어제'라는 단어를 보면 알 수 있듯이 두 번째 문장이에요. eat(먹다)의 모양이 ate로 완전히 새롭게 바뀌었어요.

평소에 자주 쓰는 다른 동사들의 과거형도 살펴볼까요?

make (만들다) → made (만들었다) / have (가지다) → had (가졌다)
see (보다) → saw (보았다) / get (얻다) → got (얻었다)
go (가다) → went (갔다) / do (하다) → did (했다)

어때요? 과거에 한 일을 이야기할 때 동사들의 모습이 -d나 -ed를 붙인 모양이 아닌 새로운 모양으로 바뀌었죠? 하지만, 단어의 모습이 바뀌어서 쓰기 어려울 거라고 걱정하지 마세요. 그만큼 자주 쓰이기 때문에 금방 익힐 수 있어요.

그러면, make(만들다)라는 단어를 가지고 연습해 볼까요?

They make fire by rubbing two wooden sticks together.
그들은 두 개의 나무 막대기를 비벼서 불을 만들어요.

They made fire by rubbing two wooden sticks together.
그들은 두 개의 나무 막대기를 비벼서 불을 만들었어요.

두 문장의 다른 점이 보이나요? 첫 번째 문장은 지금도 나무 막대를 비벼서 불을 만든다는 뜻이에요. 지금은 라이터를 이용하거나 주방의 가스레인지에서 쉽게 불을 만들 수 있죠? '예전에는 막대기를 비벼서 불을 만들었다.'라는 뜻을 전달하기 위해 make(만들다)가 아닌 made(만들었다)를 써야 해요.

이제 예전에 있었던 일을 표현하기 위해 어떻게 해야 하는지 알겠죠? 예전으로 시간여행을 갈 수 있게 도와주는 마법의 알파벳 -ed와 동사들의 새로운 모습들을 잊지 마세요!

Unit 14 [Hanseongbaekje Museum and Monchontoseong]

한성백제박물관과 몽촌토성

1. 기본정보

주소 서울특별시 송파구 올림픽로 424
   올림픽공원
문의 02-2152-5800 (한성백제박물관),
   02-2152-5900 (몽촌역사관)
홈페이지 http://baekjemuseum.seoul.go.kr
운영시간 (매주 월요일 휴무)
• 평일: 09:00~21:00
• 주말: 09:00~19:00 (동절기 09:00~18:00)
입장료 무료
가는 방법(지하철)
• 5호선 올림픽공원역 3번 출구로 나와 도보 5분
• 8호선 몽촌토성역 1번 출구로 나와 도보 5분

2. 잠깐! 가기 전 알아두면 좋아요!

• 초등학생을 위한 문화유산 해설 시간이 있어요.
   언제? 1일 6회(10:00/11:00/12:00/14:00/15:00/16:00)
   어떻게? 안내데스크에서 해당 시간에 집결 후 출발합니다.
   해설 시간? 모두 둘러 보고 설명 듣는데 1시간 정도 걸려요.
• 다양한 프로그램이 있어요.
   → 한성백제박물관에서는 4D 상영관과 박물관 소개 어플
     을 다운받아 설명을 들을 수도 있어요.
   → 어린이 방문객을 위한 프로그램이 많은 몽촌역사관도
     잊지 말고 들러주세요.
• 교과서를 미리 보고 가도 좋아요.
   3학년 2학기 사회 3. 다양한 삶의 모습들
   5학년 1학기 사회탐구 1단원 3. 삼국의 성립과 발전

엄마와 함께 **한성백제박물관과 몽촌토성**으로 영어여행을 떠날 거예요.
여행을 가기 전에 다음 글 속에 숨어있는 영어단어의 의미를 생각하며
엄마와 함께 읽어보아요.

2000년 전, 고구려 왕 주몽의 **son**
아들인 온조가 한강 근처로 내려와
new새로운 **country**나라를 **found**세
우다했어요. 그리고 그 **country**나라
의 이름을 백제라고 지었어요. 백제
는 **country**나라가 망하기 전까지 세
곳에 **capital**수도을 정했었는데, 한성

은 백제의 첫 번째 **capital**수도이었답니다. 백제는 한강 근처에 **capital**수도을 **found**
세우다해서 다른 나라에 쉽게 **go**가다할 수 있었어요. 학자들은 지금의 풍납토성과 몽촌토
성이 있는 지역을 백제의 첫 번째 **capital**수도이었던 한성이 있었던 자리라고 추측하고
있어요. 몽촌토성과 풍납토성은 외부의 침입을 막기 위해 **mud**진흙로 만든 성곽이에요.
mud진흙로 만들었지만 아주 **strong**강한하답니다. 이 성곽은 당시 백제의 기술이 얼마
나 뛰어났는지 보여줘요. 풍납토성 안에는 왕의 궁궐이 있었고 몽촌토성에는 왕의 별
궁이 있었다고 해요. 어떻게 그렇게 알 수 있냐고요? 한성백제의 기록이 많이 남아있지
않아 아쉬웠지만, 아파트를 짓는 과정에서 풍납토성 안의 유물과 유적을 발견하게 되었
어요. 또한, 88 서울올림픽을 위해 **park**공원를 만들면서 몽촌토성 안에서 많은 유적을
발견할 수 있었답니다. 이렇게 발견된 유물과 유적을 통해 한성의 모습을 **see**보다할 수
있게 되었어요. 아주 오랜 기간 동안 땅 속에 묻혀있던 백제의 역사가 다시 살아난 거
예요. 자, 이제 엄마와 함께 백제의 첫 번째 **capital**수도이었던 한성을 직접 **see**보다하러
떠나 봅시다. 참, 공원 **in**안에에 있는 몽촌토성을 **hike**오르다해보는 것도 잊지 마세요.

빈칸에 적절한 알파벳을 넣어 단어를 완성해 보아요.
정답은 앞 페이지에 모두 있어요.

아들	[sʌn]		o	n			
새로운	[njuː]		e	w			
나라	[kʌ́ntri]	c		n	t	r	y
(나라를) 세우다	[faund]		o	u	n		
수도	[kǽpitl]		a	p		t	a	l
가다	[gou]		o				
공원	[paːrk]	p		r	k		
보다	[siː]		e	e			
~안에	[in]	i					
오르다	[haik]	h	i		e		

★ found는 '세우다'라는 의미가 있어요. found(세우다)의 과거형은 founded(세웠다)예요.
find(찾다)의 과거형 found(찾았다)와 모양은 같지만 전혀 다른 의미이니 혼동하지 마세요!

위에서 배운 단어를 활용하여 다음 문장을 완성해 보아요.

1. Hanseong was the first _____ of Baekje. 한성은 백제의 첫 번째 수도였어요.

2. Onjo _____ed Baekje near the Han River. 온조가 한강 가까이에 백제를 세웠어요.

3. Monchontoseong is _____ Olympic Park. 몽촌토성은 올림픽공원 안에 있어요.

정답　1. capital　2. found　3. in

한성백제와 몽촌토성에 관련된 영어단어들을 잘 알아 두었나요? 빈칸에
적절한 단어를 넣어 엄마와 함께 다음 대화를 완성해 보아요.

♫ MP3 14-01

Do you know who founded Baekje? 누가 백제를 세웠는지 아니?

Onjo _____ed Baekje near the Han River.
온조가 한강 가까이에 백제를 세웠어요.

Right. Do you know who he is? 맞아, 온조가 누군지 알아?

He was a _____ of Goguryeo's king, Jumong.
고구려 왕인 주몽의 아들이에요.

He made a new country and named it Baekje.
온조가 새로운 나라를 만들고 백제라고 이름 지었어요.

What was the first capital of Baekje? 백제의 첫 번째 수도가 어디였지?

Hanseong was the first _____ of Baekje.
한성이 백제의 첫 번째 수도였어요.

Great. Let's go to Monchontoseong to see the first capital
of Baekje. 훌륭해. 백제의 첫 번째 수도를 보러 몽촌토성으로 가보자.

정답 found, son, capital

드디어 **한성백제박물관**에 도착했어요! 아래의 지도를 보며 질문에 대한 답을 찾아 보아요. 질문에 답을 찾기가 어려운 친구는 아래 ● Help!(도와 줘요.) 부분을 보면 도움을 받을 수 있어요. 자, 시작해 볼까요?

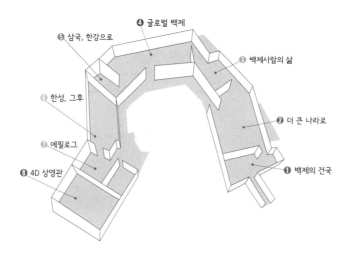

1. 풍납토성에 왕이 살았을 것이라고 추측하는 이유는 무엇인가요?

   ● Help! 제2전시실 '더 큰 나라로' 부분을 참고하세요.

2. 몽촌토성의 해자(성곽주변을 감싼 물길)와 목책(나무로 만든 방어막)을 만들었던 이유는 무엇일까요?

   ● Help! 제2전시실 '더 큰 나라로' 부분을 참고하세요.

3. 백제 사신의 모습을 담은 그림의 이름은 무엇일까요?

   ● Help! 제3전시실 '백제사람의 삶' 부분을 참고하세요.

4. 백제는 나라가 없어지기 전까지 2번 수도를 옮겼어요. 한성 다음으로 옮긴 수도는 어디일까요?

   ● Help! 제3전시실 '한성, 그후' 부분을 참고하세요.

TIP! 곰말다리 아래로 흐르는 해자와 몽촌토성 곳곳에 세워진 목책을 직접 확인해보세요.

잠깐 O X 퀴즈!

❶ 백제 귀족들은 바둑놀이를 즐겼다. (   )

❷ 칠지도는 백제의 왕이 일본 왕에게 선물로 주려고 만든 것이다. (   )

정답 ❶ (O), ❷ (O)

한성백제박물관 1층에 있는 체험 코너로 가 봅시다. 체험 코너에서는 토기완성하기, 영차! 영차! 고인돌 당기기, 돌무지 무덤 쌓기, 유물 퍼즐 맞추기 등 다양한 경험을 할 수 있어요.

♪ MP3 14-02

백제의 유물 퍼즐을 맞추며 엄마와 함께 대화해 보아요.

You can put together puzzles of relics from Baekje.
백제의 유물을 맞춰볼 수 있어.

Which one do you want to try first? 어떤 것 먼저 해보고 싶어?

I want to complete this one first. 이 그림을 먼저 완성하고 싶어요.

Okay, push the START button and put the puzzle together. 시작 버튼을 누르고, 퍼즐을 맞춰봐.

Touch the screen and drag each part into the original picture. 화면을 터치해서 각 부분을 원래 그림에 맞게 끌어다 놔.

I like it. It's fun. 이 퍼즐 좋아요. 재미있어요.

(After completing the puzzle 퍼즐 맞추기를 끝낸 후)

You made it. 다했구나.

Look! Here is a description about the relic.
보세요! 여기에 유물에 대한 설명이 있어요.

Let's read it together. 같이 읽어보자.

TIP! 올림픽 공원 내에 위치한 몽촌역사관(한성백제박물관에서 도보 10분)에서도 어린이를 위한 다양한 체험 코너를 제공합니다. 몽촌역사관도 꼭 방문하세요.

* relic 유물

한성백제박물관과 몽촌토성에서 엄마와 함께 즐거운 시간을 보냈나요?
이곳에서 알게 된 내용을 생각하며 엄마와 함께 대화해 보아요.

♬ MP3 14-03

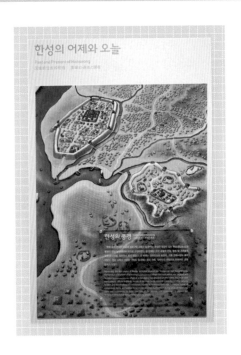

What did the Baekje people do to protect their towns from their enemies? 백제 사람들은 적으로부터 마을을 지키기 위해 어떻게 했을까?

They made wooden fences and fortresses.
나무로 된 울타리와 성곽을 만들었어요.

What were the fortresses made of? 성곽은 무엇으로 만들어졌지?

They were made of mud, but they were really strong.
성곽은 진흙으로 만들어졌어요. 하지만 정말 튼튼해요.

How did you feel when you hiked up to Monchontoseong in Olympic Park? 올림픽 공원 안에 있는 몽촌토성 위에 올라갔을 때 기분이 어땠어?

I felt great because I was able to see really far from up there. 언덕 위에서 저 멀리까지 볼 수 있어서 좋았어요.

확인 학습

지금까지 배운 영어단어와 내용들을 생각하며 아래 문장을 완성해 보아요. 빈칸의 단어를 채우며 아래 암호를 풀어봅시다. 문장에서 단어를 완성한 후 기호에 맞게 알파벳을 넣어보면 숨겨진 암호를 알 수 있어요.

1. Onjo founded a new [✻ ◎] and named it Baekje.

온조가 새로운 나라를 만들고 백제라고 이름 지었어요.

2. Hanseong was the [♠ ◎] capital of Baekje.

한성이 백제의 첫 번째 수도였어요.

3. The Baekje [�܀ ✻ ◆] made wooden fences and

fortresses. 백제 사람들은 나무로 된 울타리와 성곽을 만들었어요.

4. How did you feel when you hiked up to Monchontoseong

in Olympic [✻ ❖] ? 올림픽 공원 안에 있는 몽촌토성 위에 올라갔을 때 기분이 어땠어?

암호

✻ ❖ ✻ ♠ ◎ ❖ ◆

시작은 나만 아는 a/an vs 서로 알고 특별한 the

백제를 세운 온조는 고구려의 왕 주몽의 아들이었어요. 주몽에게는 아들이 여러 명 있었는데 온조는 그 중 한 명이에요. 아들은 한 명, 두 명 셀 수 있죠? 영어에서는 셀 수 있는 명사가 한 개일 경우 a/an 또는 the를 붙여야 해요. 그래서 온조가 주몽의 아들이라고 할 때 아래의 문장처럼 말해요.

Onjo was a son of Jumong. 온조는 주몽의 아들이에요.

위 문장에서 '한 명의 아들'이라고 할 때 a son이라고 했죠? 여러 명 중 한 명일 때는 a/an을 써서 시작하고(Unit 01. 엄마가 들려주는 문법 이야기를 참고하세요. p22) 다시 그 단어를 언급해서 나와 상대방이 모두 알고 있을 때는 the를 붙여요.

Onjo was a son of Jumong. 온조는 주몽의 아들이에요.
The son made a new country. 그 아들(온조)은 새로운 나라를 만들었어요.

온조에 대해 이미 설명을 했기 때문에 내 이야기를 듣는 친구가 이제 온조가 누군지 알게 되었어요. 너와 내가 모두 알고 있을 때는 the son이라고 쓸 수 있어요.

더 쉬운 예를 들어 살펴볼까요? 아래의 과일바구니를 보세요.

바구니에 사과, 바나나, 오렌지가 각각 1개씩 들어 있네요.

I have an apple. 나는 사과 한 개를 가지고 있어요.
I have a banana. 나는 바나나 한 개를 가지고 있어요.
I have an orange. 나는 오렌지 한 개를 가지고 있어요.

3개의 문장에 차이가 있어요. 어떤 때는 a를 쓰고, 또 어떤 경우에는 an을 써요. 이유를 찾았나요? 셀 수 있는 의미를 가진 단어의 발음이 [a/e/i/o/u](아, 에(애), 이, 오, 우)로 시작하는 경우 그 단어 앞에는 an을 쓰고 나머지는 모두 a를 쓰면 돼요.

연습문제

단어를 시작하는 알파벳에 맞게 a와 an 중 맞는 것에 동그라미 치세요.

(a/an) boy   (a/an) elephant

(a/an) book   (a/an) cat

(a/an) egg   (a/an) sister

정답 a boy / an elephant / a book / a cat / an egg / a sister

자, 그런데 지금 배가 고파서 사과를 먹고 싶어요. 배가 많이 고프기 때문에 아무 사과라도 먹고 싶어요. '사과 하나 먹고 싶어요.'라는 문장을 영어로 표현해 볼까요?

I want to eat an apple. 나는 사과 한 개를 먹고 싶어요.

하지만, 나는 꼭 저 바구니에 있는 저 사과를 먹고 싶어요. 아무 사과나 먹고 싶지는 않아요. '나는 그 사과를 먹고 싶어요.'라는 문장은 어떻게 표현할 수 있을까요?

I want to eat the apple. 나는 그 사과를 먹고 싶어요.

어때요? a/an과 the의 차이를 알겠나요? 여러 사과 중 아무거나 하나만 나타낼 때는 an apple, 아무 사과가 아닌 특정한 그 사과일 때는 the apple을 쓴다는 사실 잊지 마세요.

Unit 15 [Changdeokgung]

창덕궁

1. 기본정보

주소 서울특별시 종로구 율곡로 99
문의 02-762-8261
홈페이지 http://www.cdg.go.kr
운영시간 화~금 09:00~17:00
　　　　　주말 09:00~17:00
입장료 만24세 이하 무료 / 만25세 이상 3,000
　　　　원(후원 관람권 별도 구매)
가는 방법(지하철)
　• 1, 3, 5호선 종로3가역 6번 출구로 나와 도보
　　10분
　• 3호선 안국역 3번 출구로 나와 도보 5분

2. 잠깐! 가기 전 알아두면 좋아요!

• 궁궐 통합관람권이 있어요.
　→ 4대궁(경복궁, 창덕궁, 창경궁, 덕수궁) 및 종묘를 모두
　　관람하고 싶다면 궁궐 통합관람권을 구입하는 것이
　　경제적이에요.
• 비밀의 정원 '후원'을 가고 싶다면?
　→ 후원은 개별 관람이 안 돼요. (안내 해설사와 함께 관
　　람합니다.)
　→ 문화재 보호를 위해 하루 6~10회 단체 관람이 허용
　　됩니다.
　→ 인터넷 또는 당일 선착순 판매 관람표를 구입하세요.
• 교과서를 미리 보고 가도 좋아요.
　5학년 1학기 사회탐구 3단원 1. 조선의 건국과 한양

엄마와 함께 **창덕궁**으로 영어여행을 떠날 거예요. 여행을 가기 전에 다음 글 속에 숨어있는 영어단어의 의미를 생각하며 엄마와 함께 읽어보아요.

조선시대 **king**왕과 **queen**왕비은 궁궐에 살았어요. 조선시대에 지어진 5개의 궁궐(경복궁, 창덕궁, 창경궁, 덕수궁, 경희궁) 중 창덕궁은 **the second**2번째로 지어진 궁궐인데요. 조선시대 임금들이 경복궁보다 창덕궁에 더 오래 머물렀다는 사실 알고 있었나요? 창덕궁은 왕들이 오랫동안 머문 궁으로도 **famous**유명한하지만 **nature**자연와 **harmony**조화가 잘 어우러져 매우 **beautiful**아름다운한 곳으로도 유명합니다. 이러한 가치를 인정받아 유네스코 세계문화유산에도 지정되었지요. 보통 궁궐은 왕의 힘과 권위를 보여주기 위해 크고 멋있게 지으려 노력하지만, 창덕궁은 **nature**자연와 **harmony**조화를 가장 중요하게 생각하고 지은 궁궐이랍니다. 고종황제의 **son**아들인 영친왕과 **daughter**딸인 덕혜옹주 역시 창덕궁 안의 낙선재에서 지냈어요. 그래서 창덕궁은 **royal family**왕족가 마지막까지 머물렀던 곳으로도 잘 알려져 있어요. 창덕궁 뒤쪽에는 **beautiful**아름다운 **garden**정원이 있는데요. 궁 뒤쪽에 있다고 해서 후원이라고 불려요. 후원에는 왕실 **library**도서관였던 규장각이 있고, 몇천 그루의 나무들이 잘 보존되어 있어요. 조선의 궁궐 중 가장 오랜 기간 임금이 머물렀던 궁궐이며 가장 한국적인 궁궐인 창덕궁으로 가봅시다.

빈칸에 적절한 알파벳을 넣어 단어를 완성해 보아요.
정답은 앞 페이지에 모두 있어요.

왕	[kiŋ]	k	i		g		
왕비	[kwiːn]	q	u	e	e		
두 번째	[sék-ənd]	s	e	c	o		
자연	[néitʃər]	n	a		u	r	e
조화	[háːrməni]	h	a	r		o		y
아름다운	[bjúːtəfəl]	b	e	a		t	f	u	l
큰, 중요한, 훌륭한	[greit]	g	r			t	
사랑, 사랑하다	[lʌv]		o	v	e		
정원	[gáːrdn]	g	a	r		e	
도서관	[láibrəri]	l	i		r	a		y

위에서 배운 단어를 활용하여 다음 문장을 완성해 보아요.

1. There are five grand palaces in Seoul. Changdeokgung is the
   _____ oldest but the most beautiful.

   서울에는 다섯 개의 궁궐이 있어요. 창덕궁은 두 번째로 지어졌지만 가장 아름다운 궁궐이에요.

2. The _____s and _____s of the Joseon Dynasty loved
   Changdeokgung. 조선시대의 왕과 왕비들은 창덕궁을 사랑했어요.

3. Changdeokgung harmonizes with _____. 창덕궁은 자연과 조화를 이뤄요.

정답   1. second   2. king, queen   3. nature

준비 운동 창덕궁과 관련된 영어단어들을 잘 알아 두었나요? 빈칸에 적절한 단어를 넣어 엄마와 함께 다음 대화를 완성해 보아요.

♬ MP3 15-01

Do you know which palace the kings and queens of the Joseon Dynasty loved most? 조선시대 왕과 왕비가 가장 사랑한 궁궐이 어딘지 아니?

They _____d Changdeckgung most.
조선시대 왕과 왕비는 창덕궁을 가장 사랑했어요.

What is special about Changdeokgung? 창덕궁의 특별한 점은 무엇일까?

Changdeokgung is the most _____ palace.
창덕궁은 가장 아름다운 궁궐이에요.

Do you know why? 왜 그런지 아니?

Because Changdeokgung harmonizes with _____.
창덕궁은 자연과 조화를 이루고 있기 때문이죠.

And it has a beautiful _____. 그리고 아름다운 정원을 가지고 있어요.

정답   love, beautiful, nature, garden

드디어 **창덕궁**에 도착했어요! 아래의 지도를 보며 질문에 대한 답을 찾아 보아요. 답을 찾기가 어려운 친구는 아래 ● Help!(도와줘요.) 부분을 보면 도움을 받을 수 있어요. 자, 시작해 볼까요?

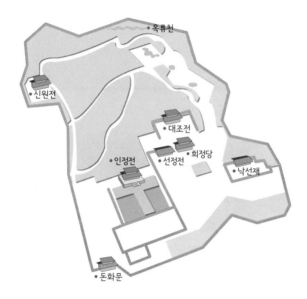

1. 보물 제383호이며 창덕궁의 건물 중 가장 오래된 돈화문의 용도는 무엇이었을까요?

   ● Help! 돈화문 부분을 참고하세요.

2. 창덕궁 후원에 흐르는 하천인 옥류천에는 왕이 친필로 '옥류천'이라고 적어놓았는데요. 직접 이 글씨를 쓴 왕은 누구일까요?

   ● Help! 후원 해설사의 설명을 참고하세요.

3. 궁에 있는 건물 중 가장 접근하기 힘든 공간이었던 대조전에는 누가 살았을까요?

   ● Help! 대조전 부분을 참고하세요.

4. 인정전 동쪽에 위치한 선정전은 어떤 일을 하던 곳이었을까요?

   ● Help! 선정전 부분을 참고하세요.

잠깐 O X 퀴즈!

❶ 왕실 도서관인 규장각 도서는 서울대학교에서 보관하고 있다. (   )

❷ 조선 왕족이 마지막으로 머물렀던 곳은 낙선재이다. (   )

정답 ❶ (O), ❷ (O)

창덕궁은 자연과 조화를 이룬 아름다운 궁궐로 유명하죠? 그중 후원(비원)은 몇천 그루의 나무와 꽃이 있는 멋진 정원이에요. 창덕궁에 왔다면 후원으로 들어가 봅시다. 이곳에 있는 큰 연못인 부용지 뒤쪽에는 조선시대 도서관인 규장각 건물이 있답니다. 그리고 후원은 왕과 왕비가 휴식을 취하기도 했지만, 학문을 연구하고 과거시험을 보았던 곳이기도 하죠. 자, 이제 타임머신을 타고 조선시대로 가봅시다.

♫ MP3 15-02

미션을 수행하며 엄마와 함께 대화해 보아요.

Let's go to the back garden. 후원으로 가보자. How did the kings and queens use the garden? 왕과 왕비들은 이 정원을 어떻게 사용했을까?

The kings and queens used to use the garden as a resting place. 왕과 왕비가 휴식을 취하던 정원으로 사용했어요.

Imagine if you were a king. What would you do there?
네가 왕이 되었다고 상상해봐. 여기서 뭘 하고 싶어?

What did they do? 여기서 뭘 했는데요?

They wrote poems and read books. 시를 짓거나 책을 읽었지.

I want to write poems too. 저도 시를 짓고 싶어요.

That's a good idea. 좋은 생각이야.

체험
복습
하기

창덕궁에서 엄마와 함께 즐거운 시간을 보냈나요? 창덕궁에서 알게 된
내용을 생각하며 엄마와 함께 대화해 보아요.

🎵 MP3 15-03

Kyujanggak used to be a library. Do you know who built
Kyujanggak in the garden?

규장각은 도서관이었어. 그 정원에 규장각을 지은 사람이 누군지 아니?

I don't know. Who built it? 모르겠어요. 누구예요?

It was King Jeongjo, the twenty-second king of the
Joseon Dynasty. 바로 조선 22번째 왕 정조야.

He was a great king, right mom? 정조는 훌륭한 왕이었죠, 그렇죠?

Right. He did great things during his reign. He also built
Hwaseong Fortress. 맞아. 정조는 왕으로 있는 기간 동안 많은 훌륭한 일을 했어.
정조가 수원 화성도 지었어.

Wow, that's why there are lots of movies and dramas
about him. 우와, 그래서 정조에 관한 영화나 드라마가 많은 거군요.

확인
학습

지금까지 배운 영어단어와 내용들을 생각하며 아래 문장을 완성해 보아요. 아래 상자에 있는 단어들을 활용해서 넣어봐요. 단, 철자가 뒤죽박죽 되어 있으니 엄마와 함께 필요한 단어를 생각하며 철자를 알맞게 넣어보아요.

tnurae

1. Changdeokgung harmonizes with

_____. 창덕궁은 자연과 조화를 잘 이루는 궁궐이에요.

cesdno

2. Changdeokgung was the _____ palace of the Joseon Dynasty.

창덕궁은 조선시대에 두 번째로 지어진 궁궐이에요.

eubatuifl

3. Changdeokgung is the most _____ palace. 창덕궁은 가장 아름다운 궁궐이에요

kign

lvoe

4. _____s and queens _____d Changdeckgung most.

왕과 왕비는 창덕궁을 가장 사랑했어요.

ibrarly

5. Kyujanggak used to be a _____.

규장각은 도서관이었어요.

trega

6. King Jeongjo was a _____ king.

정조는 훌륭한 왕이었어요.

정답   1. nature   2. second   3. beautiful   4. king, love   5. library   6. great

two palaces vs the second palace

숫자를 세는 방법에는 크게 두 가지 방법이 있어요.

하나, 둘, 셋, 넷, 다섯처럼 개수를 셀 때와 첫 번째, 두 번째, 세 번째처럼 순서를 셀 때가 있어요. 이번에는 첫 번째, 두 번째, 세 번째와 같이 순서를 세는 방법을 알아볼 거예요.

Changdeokgung was the second palace of the Joseon Dynasty. 창덕궁은 조선시대의 두 번째 궁궐이에요.

만약 the second라고 안 하고 two라고 썼다면 의미가 어떻게 달라졌을까요?

the second palace 두 번째 궁궐   **two palaces** 두 개의 궁궐

보세요. 의미가 완전히 달라지죠? 개수와 순서를 표현할 때 영어를 쓰거나 말하는 방법이 달라요.

아래의 표를 보세요.

	개수를 셀 때	순서를 셀 때
1	one	first
2	two	second
3	three	third
4	four	fourth
5	five	fifth
6	six	sixth
7	seven	seventh
8	eight	eighth
9	nine	ninth
10	ten	tenth

순서를 셀 때 항상 앞에 따라다니는 친구가 있어요. 바로 the라는 친구죠. 둘은 아주 친해서 항상 같이 다녀요. 둘을 갈라놓으면 의미가 달라질 수 있으니 the를 항상 같이 써 주세요.

형제, 자매가 있는 경우 첫째와 둘째를 어떻게 표현할 수 있을까요?

I am the first child in my family. 나는 첫째에요.

My sister is the second child in my family. 제 여동생/언니는 둘째예요.

이런 식으로 표현할 수 있겠죠?

어떤 것을 처음으로 해봤다고 말할 때도 the first를 써요. 만약 오늘 처음으로 창덕궁을 가봤다고 생각해 보세요. '창덕궁에 간 건 이번이 처음이에요.'라고 말하고 싶다면 어떻게 하면 좋을까요?

It is the first time I have visited Changdeckgung.
창덕궁은 이번이 처음 가는 거예요.

다음 번에 창덕궁에 또 가게 되어서 두 번째로 창덕궁을 가게 된다면 이렇게 말할 수 있어요.

It is the second time I have visited Changdeokgung.
창덕궁은 이번이 두 번째 가는 거예요.

Unit 16 [Seolleung and Jeongneung Royal Tombs]

조선왕릉 – 선정릉

1. 기본정보

주소 서울특별시 강남구 선릉로 100길 1
문의 (02) 568-1291
홈페이지 http://seonjeong.cha.go.kr
운영시간 (3월~10월) 6:00~21:00, (11월~2월)
　　　　　6:30~21:00 (매주 월요일 휴무)
입장료 어른 1,000원/학생 500원
가는 방법(지하철)
• 2호선 · 분당선 선릉역 8번 출구
　(도보 5분 거리)

2. 잠깐! 가기 전 알아두면 좋아요!

• 홈페이지에 재미있는 정보가 많아요.
　홈페이지 [선정릉 이야기] 부분에 가면 이곳에 대한 역사적
　일화, 인물에 대한 이야기가 자세하게 나와있어요. 미리 홈
　페이지에 방문해 살펴보고 가면 많은 도움이 됩니다.
• 조선왕릉과 선정릉에 대해 알 수 있는 '역사문화관'을 먼저
　방문하세요.
　오후 8시까지 운영
• 문화유산 해설이 있어요.
　→ 주중 2회(오전 10:30/오후 2:30) / 토요일 4회(오전
　　10:00, 10:30/오후 2:00, 2:30)
　→ 역사문화관에서 출발합니다.
• 교과서를 미리 보고 가도 좋아요.
　5학년 1학기 사회탐구 3단원 3. 유교전통과 신분 질서

시작 전
몸풀기
01

엄마와 함께 **조선왕릉**인 **선정릉**으로 영어여행을 떠날 거예요. 여행을 가기 전에 다음 글 속에 숨어있는 영어단어의 의미를 생각하며 엄마와 함께 읽어보아요.

조선의 9대 왕인 성종과 계비 정현왕후 윤 씨의 무덤이 있는 선릉과 조선의 11대 왕인 중종의 무덤이 있는 정릉을 합쳐 선정릉이라고 불러요. 선정릉은 **high**높은한 빌딩이 많은 강남지역의 **heart**중심부에 있어요. 선릉과 정릉에 붙은 '능'이라는 단어는 무슨 뜻일까요? **king**왕 또는 **queen**왕비의 무덤만 '능'이라고 부를 수 있어요. 조선시대 사람들은 왕과 왕비를 **respect**존경하다하는 마음을 표현하기 위해 **big**큰하고 멋지게 무덤을 만들었어요. 조선시대에 지어진 **royal**왕실의 무덤은 **hill**언덕 위에 만들어진 것이 특징이에요. 또한 뒤쪽에는 **mountain**산이 있고 앞쪽에는 **water**물가 흐르는 곳에 만들었어요. 그리고 홍살문이라고 불리는 큰 **gate**문를 지나고 제사를 지내는 정자각을 지나면 성종의 **tomb**무덤이 있어요. 왕의 **tomb**무덤 주변에는 **stone**돌으로 만들어진 조각상들이 있는데, 사람들은 조각상이 왕을 지켜준다고 믿었어요. 선정릉은 현재 서울의 소중한 **place**장소로 서울시민들의 사랑을 받고 있어요. 우리나라에는 42개의 조선왕릉이 있는데, 그중 2개는 북한에 있고, 나머지 40개는 남한에 있어요. 40개의 조선왕릉은 **World Heritage Site**세계문화유산으로 지정되었어요. 40개의 조선시대 왕과 왕비의 무덤이 **World Heritage Site**세계문화유산라니 놀랍죠? 자, 엄마와 함께 서울의 **in the heart of**한가운데에 있는 **the Royal Tombs of Joseon Dynasty**조선왕릉인 선정릉으로 떠나 봅시다.

시작 전
몸풀기
02

빈칸에 적절한 알파벳을 넣어 단어를 완성해 보아요.

정답은 앞 페이지에 모두 있어요.

높은	[hai]	h		g	h		
중심, 심장	[hɑːrt]	h	e	a	r		
존경(하다)	[rispékt]	r	e		e	c	t
큰, 커다란	[big]		i	g			
왕실의, 왕의	[rɔ́iəl]	r	o		a	l	
산	[máunt-ən]		o	u	n	t	a	i	
물	[wɔ́ːtər]	w	a		e		
문, 출입문	[geit]	g	a		e		
돌	[stoun]			o	n	e	
장소	[pleis]		l	a	c	e	

시작 전
몸풀기
03

위에서 배운 단어를 활용하여 다음 문장을 완성해 보아요.

1. Seolleung and Jeongneung are in the _____ of the city.

   선릉과 정릉은 도시 한가운데에 있어요.

2. There are _____ statues around the royal tombs.

   왕의 무덤 주변에는 석상(돌로 만든 조각상)이 있어요.

3. The royal tombs were built in very special _____s.

   조선왕릉은 아주 특별한 장소에 지어졌어요.

정답   1. heart   2. stone   3. place

조선왕릉인 **선정릉**과 관련된 영어단어들을 잘 알아 두었나요? 엄마와 빈 칸에 적절한 단어를 넣어 다음 대화를 완성해 보아요.

♬ MP3 16-01

Do you know where Seolleung and Jeongneung are?
선정릉이 어디 있는지 알아?

Yes. They're in the _____ of Seoul. 네, 서울 중심에 있어요.

Where were the royal tombs of the Joseon Dynasty built?
조선왕릉은 어디에 지어졌을까?

They were built in very special _____ s.
왕릉은 아주 특정한 장소에 지어졌어요.

It was important that the tombs had water in front and _____ behind.
왕릉은 앞에 물이 흐르고 뒤에는 산이 있는 곳에 짓는 것을 중요하게 생각했어요.

The location was very important. 왕릉의 위치가 아주 중요했어요.

Why were the royal tombs built there?
왜 왕릉은 특정한 장소에 지어졌을까?

Because people wanted to show _____ for the kings and queens. 백성들은 죽은 왕과 왕비에 대한 존경심을 보여주고 싶어했어요.

Right, they believed that special places protected their souls. 맞아. 그들은 특정한 장소가 왕과 왕비의 영혼을 지켜준다고 믿었단다.

정답 heart, place, mountain, respect

드디어 **선릉**에 도착했어요! 아래의 지도를 보며 질문에 대한 답을 찾아 보아요. 질문에 답을 찾기가 어려운 친구는 아래 ● Help!(도와줘요.) 부분을 보면 도움을 받을 수 있어요. 자, 시작해 볼까요?

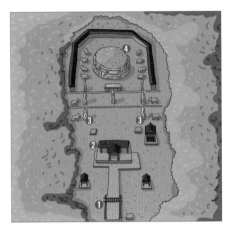

❶ 홍살문
❷ 정자각
❸ 무인석
❹ 능침

1. 홍살문의 의미는 무엇인가요?

   ● Help! 입구에 있는 역사문화관 '어린이 조선왕릉 탐험' 설명을 참고하세요.

2. 성종의 무덤 주변을 둘러싸고 있는 돌로 만든 조각상 중 장검을 들고 왕을 지키는 조각상의 이름은 무엇인가요?

   ● Help! 홍살문 옆 선릉 상설도를 참고하세요.

3. 홍살문에서 정자각까지 이어진 길에는 높낮이가 다른 '신도'와 '어도'라고 부르는 돌길이 있어요. '어도'는 누가 걷는 길인가요?

   ● Help! 홍살문을 지나서 나오는 돌길에 있는 안내판을 참고하세요.

4. 정자각은 무엇을 하던 곳인가요?

   ● Help! 정자각 부분을 참고하세요.

잠깐 O X 퀴즈!

❶ 우리나라에 있는 40개의 조선왕릉 중에 선정릉만 세계문화유산이다. (　　)

❷ 선정릉의 무덤 속은 비어있다. (　　)

정답 ❶ (X) 40개 모두 세계문화유산이다.
❷ (O) 임진왜란 때 무덤 안의 시신이 훼손되었다.

역사문화관으로 가봅시다. 역사문화관에는 조선의 9대 왕 성종과 성종의 아들인 조선의 11대 왕 중종이 살아 있을 때 한 일에 대해 만든 도표가 있어요. 도표를 보면 알 수 있듯이, 성종은 학문의 발전에 힘을 쓴 왕이에요. 또한 100년이 걸린 조선시대의 최고의 법전 경국대전을 만들었죠. 중종은 성종의 아들이며 연산군의 동생이에요. 중종은 성종 다음으로 왕이 된 연산군이 나쁜 일을 많이 해서 쫓겨난 후 왕이 되었기 때문에 다른 조선시대 왕에 비해 권력이 없었어요. 그래도 왕도정치를 하려고 노력했던 왕이에요.

🎵 MP3 16-02

도표를 보며 성종의 업적에 대해 엄마와 대화해 보아요.

Do you know what King Seongjong liked to do?
성종이 좋아했던 일이 뭔지 아니?

He liked studying. He also encouraged scholars to study more. 성종은 공부하는 걸 좋아했어요. 그리고 학자들도 공부할 수 있도록 힘썼어요.

What's the most important thing King Seongjong did?
성종의 가장 위대한 업적이 뭘까?

He finished making the laws of the Joseon Dynasty.
조선의 법전을 완성했어요.

His grandfather started making them and King Seongjong finished them. 성종의 할아버지(세조)가 법전을 만들기 시작했고, 성종이 마무리 지었어요.

Right, the laws helped the people of Joseon.
맞아, 그 법전은 조선의 백성들을 도왔어.

* scholar 학자(학문을 공부하는 사람)

조선왕릉인 선정릉에서 엄마와 함께 즐거운 시간을 보냈나요? 선정릉에서 알게 된 내용을 생각하며 엄마와 함께 대화해 보아요.

🎵 MP3 16-03

What is special about the royal tombs of the Joseon Dynasty? 조선왕릉의 특징이 뭘까?

Well, I think the big gate called Hongsalmun is very special. 큰 문인 홍살문이 있다는 것이 특징이라고 생각해요. It's the entrance to the holy site. We should behave very respectfully in there.
신성한 곳으로 들어가는 문이에요. 홍살문으로 들어가면 매우 공손하게 행동해야 해요.

When we walked through the gate, there were two stone paths. Did you see how they were different?
홍살문 안으로 들어가면 돌로 된 두 개의 길이 있어. 그 두 개의 길이 서로 어떻게 다른지 봤어?

The Sindo path is higher than the Eodo path because it's the path for the Gods and the Eodo path is for people.
신도는 신을 위한 길이기 때문에 어도 보다 높고 어도는 사람들이 걷는 길이에요.

We're not Gods so we should only walk on the Eodo path.
우리는 신이 아니기 때문에 어도로만 걸어야 해요.

Great. You've learned a lot today!
훌륭해. 오늘 많은 것을 배웠구나!

지금까지 배운 영어단어와 내용들을 생각하며 아래 문장을 완성해 보아요. 빈칸의 단어를 이용하면 단어퍼즐이 완성된답니다.

Across(가로)

2. When walked through the gate, there were two stone _____s.

홍살문 안으로 들어가면 돌로 된 두 개의 길이 있어.

4. We should _____ very respectfully in there.

그곳으로 들어가면 매우 공손하게 행동해야 해요.

5. The location was very _____. 왕릉의 위치가 아주 중요했어요.

Down(세로)

1. His grandfather started making the laws of the Joseon Dynasty and King Seongjong _____ed them.

성종의 할아버지(세조)가 법전을 만들기 시작했고, 성종이 마무리 지었어요.

2. They believed that special places _____ed the souls of the kings and queens.

그들은 특정한 장소가 왕과 왕비의 영혼을 지켜준다고 믿었어요.

3. The laws _____ed the people of Joseon.

그 법전은 조선의 백성들을 도왔어.

정답   1. finish   A2. path   D2. protect   3. help   4. behave   5. important

여러 번 반복되는 단어는 어떻게 해야 할까요?

성종은 공부하는 것을 좋아하던 왕이었어요. 성종은 조선시대의 법전인 경국대전을 완성한 왕이기도 하죠. 성종은 중종의 아버지예요. 성종에 대해 이야기하는데 똑같은 이름을 세 번이나 반복했어요. 이 문장을 영어로 써본다면 어떻게 될까요?

King Seongjong liked studying. 성종은 공부하는 걸 좋아했었어요.

King Seongjong finished making the laws of the Joseon Dynasty. 성종이 조선시대 법전을 완성했어요.

King Seongjong is King Jungjong's father. 성종은 중종의 아버지예요.

King Seongjong이라는 말을 여러 번 쓰니까 문장이 복잡해 보이죠?
영어에서는 같은 이름을 여러 번 부르는 것을 좋아하지 않아요. 그래서 사람과 사물의 이름을 대신 불러주는 단어들이 있어요. 그러한 것들을 명사를 대신해주는 명사, '대명사'라고 부릅니다.
그럼, '대명사'를 사용해서 간단하게 표현해 볼까요? 남자 한 명을 나타낼 때는 He라는 단어를 대신 쓰면 된답니다. He를 사용해서 바꿔볼까요?

King Seongjong liked studying. 성종은 공부하는 걸 좋아했었어요.

He finished making the laws of the Joseon Dynasty.
그는 조선시대 법전을 완성했어요.

He is King Jungjong's father. 그는 중종의 아버지예요.

처음 문장에서 King Seongjong이라고 이미 말했기 때문에 다음에는 남자 한 명을 나타내는 He를 대신 써주면 된답니다. 위의 설명처럼 어떤 사람을 대신할 때 대신해서 나타내는 말을 쓰면 좀 더 쉽게 표현할 수 있어요. 대신해주는 단어를 고를 때는 '나, 너, 그 남자, 그 여자, 이것, 그 사람들'에 따라 다르게 선택해서 써야 해요. 옆의 표를 보세요.

대신해 주는 단어 (대명사)	뜻
I/We	나/우리
You	너
She	그녀 (여자 1명)
He	그 (남자 1명)
It/this	그것, 이것 (물건 1개)
They	그들, 그것들 (여러 명/여러 개)

나에게 여동생이 한 명 있다고 생각해 보세요. 그리고 내 여동생은 아이스크림을 좋아해요. 친구들에게 '나는 여동생이 있어. 여동생은 아이스크림을 좋아해.'라고 말하고 싶어요. 여기서 '여동생'이라는 단어가 두 번 반복됐죠? 그러면 뒤에 나오는 '여동생'이란 단어를 대신해서 대명사를 써볼까요? 여자 1명을 나타내는 she를 가지고 문장을 만들어 봅시다.

I have a sister. She likes ice cream.
나에게는 여동생이 있어요. 동생은 아이스크림을 좋아해요.

나와 여동생 모두 아이스크림을 좋아한다고 말하고 싶다면 어떻게 할까요?

We like ice cream. 우리는 아이스크림을 좋아해요.

나와 여동생을 대신할 수 있는 we를 쓰면 된답니다.

연습문제

엄마와 함께 아래 문장 중 올바른 단어에 동그라미를 그려봅시다.

1. John is a boy. (He/She) likes apples. 존은 남자아이입니다. 그(존)는 사과를 좋아해요.

2. Anna is a girl. (He/She) likes bananas.
   안나는 여자아이입니다. 그녀(안나)는 바나나를 좋아해요.

3. I love my mother. (He/She) loves me, too.
   나는 엄마를 사랑해요. 그녀(엄마)도 나를 사랑해요.

4. My brother and I study English. (We/They) like English.
   내 남동생과 나는 영어공부를 해요. 우리(남동생과 나)는 영어를 좋아해요.

정답 1. He 2. She 3. She 4. We

Unit 17 [Hwaseong Fortress]

수원 화성

1. 기본정보

주소 경기도 수원시 장안구 연무동 190
문의 031-290-3600
홈페이지 http://www.swcf.or.kr
운영시간 하절기 (3월~10월) 09:00~18:00,
　　　　　 동절기 (11월~2월) 9:00~17:00
입장료 어린이 500원/어른 1,000원
가는 방법(지하철)
• 1호선 또는 분당선 수원역 4번 출구로 나와
　장안공원행 버스 탑승

2. 잠깐! 가기 전 알아두면 좋아요!

• 시간에 맞게 코스를 짜고 가면 좋아요.
　→ 관람코스에 따라 소요시간이 달라져요. (최소 1시간~
　　 최대 3시간)
　→ 홈페이지를 통해 추천코스를 확인하세요.
• 편안한 신발과 모자를 준비하세요.
　수원 화성은 규모가 크고 둘러보는 데 시간이 걸리기 때문
　에 편한 신발과 햇빛을 가릴 수 있는 모자를 준비해 가면
　좋습니다.
• 수원 화성은 볼거리가 많아요.
　→ 시간 여유가 된다면 화성행궁, 수원박물관, 수원 화성
　　 박물관도 들려보세요.
　→ 4곳 모두 방문할 거라면 통합관람권(수원 화성, 화성행
　　 궁, 수원박물관, 수원 화성박물관)을 구입하세요.
• 교과서를 미리 보고 가도 좋아요.
　5학년 2학기 사회교과서 1. 조선사회의 새로운 움직임

시작 전
몸풀기
01

엄마와 함께 **수원 화성**으로 영어여행을 떠날 거예요. 여행을 가기 전에 다음 글 속에 숨어있는 영어단어의 의미를 생각하며 엄마와 함께 읽어보아요.

Hwaseong Fortress^{수원 화성}는 조선의 22대 왕인 정조가 만든 계획 **city**^{도시}였어요. 아버지인 사도세자에 대한 그리움과 효심으로 정조는 아버지의 무덤을 좋은 자리로 **move**^{옮기다}하고 싶었어요. 하지만 그곳에는 원래 살던 마을 **people**^{사람들}이 있었죠. 그래서 정조는 그들이 살 새로운 **city**^{도시}를 만들 **plan**^{계획(하다)}을 세웠어요. 그리고 3년 후에 수원 화성으로 둘러싸인 새로운 도시를 완성했답니다. 수원 화성을 **build**^{짓다} 하는 데 10년이 걸릴 것이라고 예상했지만 실제로는 3년 만에 완성했어요. 어떻게 이렇게 짧은 기간에 완성할 수 있었냐고요? 수원 화성은 실학자인 정약용이 만든 거중기를 **use**^{사용하다}했기 때문이에요. 거중기는 무거운 물건을 쉽게 들 수 있도록 도와주는 기계에요. 그리고 수원 화성은 다른 성곽들과 달리 높은 곳이 아닌 평탄한 땅에 지어졌어요. 그래서 성곽이 외부의 침입을 막는 역할뿐만 아니라 새로운 **city**^{도시}의 역할을 할 수 있었던 것이죠. 수원 화성은 이러한 **excellent**^{훌륭한}한 기술의 가치를 인정받아 **World Heritage Site**^{세계문화유산}로 지정되었답니다. **Hwaseong Fortress**^{수원 화성} 건축에 관한 모든 내용을 **record**^{기록하다}한 화성성역의궤 덕분에 전쟁으로 **burn**^{불타다}해서 무너진 성을 복원할 수 있었지요. 자, 이제 엄마와 함께 수원 화성에 직접 가서 조선의 병사가 되어 활도 **shoot**^{쏘다}해보고 성곽 길도 걸어 봅시다.

빈칸에 적절한 알파벳을 넣어 단어를 완성해 보아요.
정답은 앞 페이지에 모두 있어요.

도시	[síti]	c	i		y			
성곽	[fɔ́:rtris]	f	o	r		r	e		s
옮기다	[mu:v]		o		e			
사람들	[pí:pl]		e	o	p		e		
계획(하다)	[plæn]	p		l		n		
훌륭한	[éksələnt]	e	x	c		l	l	e		t
짓다	[bild]	b	u		l			
기록(하다)	[rékə:rd]		e	c	o		d		
(불에) 타다	[bə:rn]	b		r	n			
쏘다	[ʃu:t]	s	h			t		

위에서 배운 단어를 활용하여 다음 문장을 완성해 보아요.

1. King Jeongjo built a new _____. 정조는 새 도시를 만들었어요.

2. It was an excellently _____ned city. 훌륭하게 계획된 도시였어요.

3. New technology was used to _____ Hwaseong Fortress.
수원 화성을 짓기 위해 새로운 기술이 사용되었어요.

정답   1. city   2. plan   3. build

수원 화성과 관련된 영어단어들을 잘 알아 두었나요? 빈칸에 적절한 단어를 넣어 엄마와 함께 다음 대화를 완성해 보아요.

🎵 MP3 17-01

Do you know why King Jeongjo built a new city?

정조는 왜 새로운 도시를 만들었을까?

King Jeongjo wanted to _____ his father's tomb but _____ lived in that town.

정조는 아버지의 무덤을 옮기로 싶어했지만, 백성들이 그 마을에 살고 있었어요.

That's right. So, what did he do? 맞아. 그래서 어떻게 했지?

King Jeongjo was a good king, so he _____ned to build a new _____ for his people to live.

정조는 좋은 왕이었어요. 그래서 백성들이 살 수 있는 새로운 도시를 지을 계획을 세웠어요.

Right, he built an excellently planned city for them.

맞아, 그는 백성들을 위해 훌륭하게 계획된 도시를 만들었어.

Mom, that's why UNESCO made Hwaseong Fortress a World Heritage Site. 엄마, 그래서 유네스코에서 수원 화성을 세계문화유산으로 지정했어요.

* tomb 무덤

정답 move, people, plan, city

드디어 **수원 화성**에 도착했어요! 아래의 지도를 보며 질문에 대한 답을 찾아 보아요. 질문에 답을 찾기가 어려운 친구는 아래 ● Help!(도와줘요.) 부분을 보면 도움을 받을 수 있어요. 자, 시작해 볼까요?

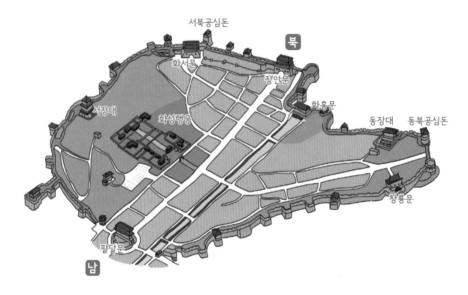

1. 화성행궁의 역할은 무엇인가요?

  ● Help! 화성행궁을 참고하세요.

2. 수원 화성을 지키는 병사들이 활을 쏘고 무예를 연습하던 곳은 어디일까요?

  ● Help! 동장대를 참고하세요.

3. 수원 화성에서 가장 큰 출입문인 북문과 남문의 이름은 무엇인가요?

  ● Help! 안내문 또는 위의 지도를 참고하세요.

4. 공심돈의 역할은 무엇인가요?

  ● Help! 창룡문과 화서문 옆에 위치한 공심돈을 참고하세요.

잠깐 O X 퀴즈!

❶ 화성성역의궤는 수원박물관에 있다. (　)

❷ 정조는 화성을 짓는 일꾼들에게 임금을 주었다. (　)

정답 ❶ (X) 국립중앙박물관에 있다. ❷ (O)

임무 완수 하기

수원 화성의 창룡문으로 들어서면 조선시대 병사들이 훈련을 받고 무술을 연습했던 동장대가 나와요. 동장대에 가면 조선시대의 병사처럼 활을 쏴볼 수 있는 국궁체험 장소가 있답니다. 국궁체험 장소에 가서 조선시대 병사처럼 활을 쏴봅시다.

♫ MP3 17-02

미션을 수행하며 엄마와 함께 대화해 보아요.

Now let's go to Dongjangdae. 이제 동장대로 가보자.

What is Dongjangdae? 동장대가 뭐 하는 곳이에요?

It's where the army used to train during the Jeoson Dynasty. Let's shoot arrows like the Joseon Dynasty soldiers. 조선시대에 병사를 훈련시켰던 곳이야. 조선의 병사처럼 활을 쏴보자.

That sounds fun. I want to try. 재미있을 것 같아요. 해볼래요.

First, stand pointing your shoulder toward the target and hold the bow string. 우선 어깨가 표적을 향하도록 서서 활을 잡아. Then, raise and draw your bow. 그리고 나서 활시위를 당겨. When you are ready, release the arrow toward the target. 준비가 됐으면 표적을 향해 화살을 쏴.

It's hard to bend the bow. 활시위를 당기는 게 어려워요.

You're doing well. Let's try one more time.
잘 하고 있어. 한번 더 해보자.

체험
복습
하기

수원 화성에서 엄마와 함께 즐거운 시간을 보냈나요? 수원 화성에서 알게 된 내용을 생각하며 엄마와 함께 대화해 보아요.

♪ MP3 17-03

Let's think about why Hwaseong Fortress is so special.

수원 화성이 왜 특별한지 생각해 보자.

It is special because new technology was used to make it.

수원 화성을 만들기 위해 새로운 기술을 사용했기 때문에 특별해요.

And? 그리고?

There were well-written records about how it was made, so people were able to rebuild it after it burned down during the Korean War.

수원 화성이 어떻게 만들어졌는지에 대해 잘 쓰여진 기록이 있었어요. 그래서 한국전쟁 중 불에 탄 수원 화성을 복구할 수 있었어요.

You learned a lot. You're right. Written records are important and valuable. What could be a written record of you? 많이 배웠구나. 맞았어. 기록물은 중요하고 가치 있는 거야. 너에게는 어떤 것이 기록물이 될 수 있을까?

My diary? 제 일기요?

Right. A diary can be a good written record, like *The Diary of a Young Girl* by Anne Frank.

맞았어. 일기도 좋은 기록물이 될 수 있어. 안네가 쓴 '안네의 일기'처럼 말이야.

지금까지 배운 영어단어와 내용들을 생각하며 아래 문장을 완성해 보아요. 빈칸의 단어를 채우며 아래 암호를 풀어봅시다. 문장에서 단어를 완성한 후 기호에 맞게 알파벳을 넣어보면 숨겨진 암호를 알 수 있어요.

1. King Jeongjo ⬡ ♠ a new city for his people to live.

정조는 백성들을 위해 새로운 도시를 지었어요.

2. ◆ ⬡ ♠ ♠ ✳ records are important and valuable.

(쓰여진) 기록물은 중요하고 소중한 것이에요.

3. New ⛛ ◎ ◐ was used to build Hwaseong

Fortress. 수원 화성을 짓기 위해 새로운 기술이 사용되었어요.

4. Hwaseong Fortress burned down during the ⛛ ✳

War. 수원 화성은 한국전쟁 중 불타 없어졌어요.

정답   1. built   2. written   3. technology   4. Korean
암호   a new city

느낌표와 함께 쓰이는 what과 how

수원 화성 같은 아주 멋진 문화유산을 보고 느낀 기분을 어떻게 표현하면 좋을지 고민해 본 적 있나요? 물론 Hwaseong Fortress is excellent.(수원 화성은 훌륭해.)라고 표현할 수 있죠. 하지만 이런 멋진 풍경이나 유적을 보고 감정을 담아 더 멋지게 표현하는 방법이 있답니다.

What과 how 두 가지 방법으로 표현할 수 있어요. 아직 잘 모르겠다고요? 아래 두 가지 예문을 살펴봅시다.

What <u>an</u> excellent <u>fortress</u>! 멋진 성곽이야!
How <u>excellent</u>! 정말 멋지다!

원래 what과 how는 질문할 때 더 자주 쓰이지만, 이렇게 느낌표와 함께 감탄의 의미를 표현할 때도 사용해요. 하지만, 여기서 주의할 점은 a나 an 대신에 the를 쓰면 안 된다는 점이에요.

What <u>the</u> excellent fortress! (X)

'수원 화성은 정말 멋진 곳이야!'라고 하고 싶다면 이렇게 표현해 보세요.

What <u>a</u> <u>wonderful</u> <u>place</u> Hwaseong Fortress is!

이제 어떻게 표현하는지 알았으니 다른 표현도 연습해 봅시다.
혹시 동물 좋아하나요? 귀여운 강아지나 고양이를 보면 '아이, 귀엽다.'라는 말이 나오죠? 영어로도 표현해 봅시다.

What a cute puppy! 귀여운 강아지다!
How cute! 정말 귀여워!

What a cute kitty! 귀여운 고양이다!

How cute! 정말 귀여워!

이제 귀여운 동물을 보면 위에 나와 있는 문장처럼 표현할 수 있겠죠?

이렇게 감정을 나타내는 감탄문을 만들때, what과 how로 시작하고 끝낼 때는 느낌표(!)를 붙이는 것을 잊지 마세요.

연습문제

자, 이제 직접 생각하고 말해 볼까요?

어느 날 공원에 놀러 갔는데, 예쁜 꽃 한 송이가 피어있는 걸 발견했어요. 꽃이 예쁘다는 말이 하고 싶어요. 어떻게 얘기하면 좋을까요?

🎵 MP3 17-04

What __ _____ _____! 아름다운 꽃이다!

How _____! 정말 아름다워!

(beautiful, flower)

선생님이 칭찬의 선물로 사탕 한 개를 주셨다고 생각해 봐요. 칭찬 받은 후 먹는 사탕 아주 달콤하겠죠? 달콤한 사탕에 맛을 멋지게 표현하고 싶다면 어떻게 말할 수 있을까요?

What __ _____ _____! 달콤한 사탕이야!

How _____! 정말 달콤해!

(sweet, candy bar)

정답 a beautiful flower, beautiful, a sweet candy bar, sweet

Unit 18 [Demilitarized Zone]

비무장지대 (파주)

1. 기본정보

주소 경기도 파주시 일대
문의 임진각관광안내소 031-953-4744
　　　도라산평화공원 031-953-0409
홈페이지 http://ggtour.or.kr (경기관광포털→볼
　　　거리/즐길거리→체험관광→DMZ 프로
　　　그램)
가는 방법
• DMZ열차 이용 시 (서울역 출발)
　서울–도라산 구간 (1일 2회, 서울–능곡–문
　산–운천–임진각–도라산 구간 운행)

2. 잠깐! 가기 전 알아두면 좋아요!

• 임진각, 제3땅굴, 도라전망대 코스를 추천해요.
　→ 임진각 관광지 셔틀 버스를 이용하세요.
　　　임진각 관광지 내 DMZ 매표소에서 신청 및 구입 가능
　→ 평화열차 DMZ-train이 있어요.
　　　• 서울역에서 도라산역까지 운행해요.
　　　• 도라산역 하차 후 관광을 위한 셔틀버스 표를 구입하세요.
　→ 개별관광은 불가합니다. 부모님께서는 신분증을 꼭
　　　챙겨주세요.
• 교과서를 미리 보고 가도 좋아요.
　2학년 우리나라, 우리나라와 이웃나라
　4학년 1학기 도덕 4. 둘이 아닌 하나 되기
　5학년 1학기 사회 1. 살기 좋은 우리 국토
　5학년 1학기 사회 2. 우리 사회의 오늘과 내일
　6학년 1학기 사회 4. 우리 사회의 과제와 문화의 발전

엄마와 함께 **파주 비무장지대**로 영어여행을 떠날 거예요. 여행을 가기 전에 다음 글 속에 숨어있는 영어단어의 의미를 생각하며 엄마와 함께 읽어보아요.

우리나라는 전 세계에서 유일하게 **divide**나누다된 국가이죠. 분단국가는 원래 하나의 나라였다가 **war**전쟁로 인해 나뉜 나라를 뜻해요. 우리나라처럼요. 북한과 우리나라는 **same**같은 **language**언어를 **speak**말하다하는 하나의 나라였어요. 하지만 **war**전쟁로 인해 두 개의 나라로 나뉘었지요. 전 세계를 **travel**여행(하다)할 수 있어도 북한을 **travel**여행(하다)할 수 없는 이유도 우리나라와 북한은 분단국가이기 때문이에요. 북한에 가족을 두고 남한으로 와서 지금까지 가족을 **meet**만나다할 수 없는 사람도 많아요. 비무장지대는 하나였던 나라를 두 개로 나누면서 여기서는 **fight**싸움를 하지 말자고 **promise**약속(하다)한 곳이에요. 말 그대로 무장하지 않는 **area**지역라는 뜻이에요. 전쟁이 끝난 1953년 남한과 북한을 나누는 **line**선이 생기고 남한과 북한 지역을 합쳐 4km가 **fight**싸움를 하지 않는 비무장지대가 되었어요. 비무장지대는 40여 년간 사람이 들어갈 수 없게 보존되었기 때문에 자연상태가 잘 보존되어 있어요. 이 때문에 사람들이 사는 곳에서는 볼 수 없는 동물과 식물을 관찰할 수 있어요. 우리나라를 가로지르는 긴 **Demilitarized Zone**비무장지대 중 파주 지역의 **Demilitarized Zone**비무장지대으로 가봅시다. **Demilitarized Zone**비무장지대과 통일에 관한 더 많은 내용을 배울 수 있을 거예요.

빈칸에 적절한 알파벳을 넣어 단어를 완성해 보아요.
정답은 앞 페이지에 모두 있어요.

전쟁	[wɔːr]		a	r		
같은	[seim]		a	m	e	
언어	[læŋgwidʒ]	l	a	g	u	g	e
말하다	[spiːk]	s		e	a		
여행(하다)	[træv-əl]		r	a	e	l	
나누다	[diváid]		i	v	i		e
만나다	[miːt]	m			t		
싸움, 싸우다	[fait]	f		g	h		
약속, 약속하다	[prámis]	p		o	i	s	e
지역	[ɛəriə]		r	e	a		

위에서 배운 단어를 활용하여 다음 문장을 완성해 보아요.

1. Korea is divided into two countries because of the Korean
_____. 한국전쟁으로 인해 한국은 두 개의 나라로 나뉘었어요.

2. South Korea and North Korea _____ the same language.
남한과 북한은 같은 언어를 말해요.

3. South Korea and North Korea have promised not to _____ in
the DMZ. 남한과 북한은 비무장지대에서 싸우지 않기로 약속했어요.

정답   1. War   2. speak   3. fight

비무장지대와 관련된 영어단어들을 잘 알아 두었나요? 엄마와 빈칸에 적
절한 단어를 넣어 다음 대화를 완성해 보아요.

♪ MP3 18-01

South Korea and North Korea used to be one country.
How do we know that? 남한과 북한은 원래 한 개의 나라였어. 그걸 어떻게 알 수 있을까?

I know that because we _____ the _____
language. 우리는 같은 말을 쓰기 때문에 그 사실을 알 수 있어요.

Can we travel to North Korea? 우리는 북한에 여행을 갈 수 있을까?

No, we can't. 아니요. 갈 수 없어요.

Why not? 왜?

South Korea and North Korea became two countries
because of the Korean War. 한국전쟁 때문에 남한과 북한은 두 개의 나라가 되었어요.

Right. Then, what's the DMZ? 맞아. 그렇다면 비무장지대는 뭘까?

The DMZ is an _____ where North Korea and South
Korea cannot _____. DMZ는 북한과 남한이 싸울 수 없는 지역이에요.
Both countries have _____d not to fight in the DMZ.
두 나라 모두 DMZ에서는 싸우지 않기로 약속했어요.

정답 speak, same, area, fight, promise

드디어 **파주 비무장지대**에 도착했어요! 아래의 지도를 보며 질문에 대한 답을 찾아 보아요. 질문에 답을 찾기가 어려운 친구는 아래 ● Help!(도와 줘요.) 부분을 보면 도움을 받을 수 있어요. 자, 시작해 볼까요?

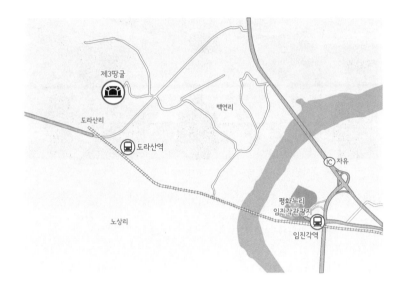

1. 다른 기차역에는 없고 도라산역에만 있는 것은 무엇일까요?

   ● Help! 도라산역 안을 자세히 살펴보세요. 북한은 다른 나라이기 때문에 외국을 나갈 때와 비슷해요.

2. 도라산역에 기차가 북한까지 갈 수 있다면 어떤 일이 생기게 될까요?

   ● Help! 도라산역이 북한으로 가는 첫 번째 기차역이라는 사실을 잊지 마세요.

3. 제3땅굴은 누가 팠을까요? 왜 팠을까요?

   ● Help! 제3땅굴에 가기 전 들르는 DMZ 영상관에서 설명을 참고하세요.

4. 도라전망대에서 보이는 북한에서 두 번째로 큰 도시는 어디 일까요?

   ● Help! 도라전망대 안내판을 참고하세요.

잠깐 O X 퀴즈!

❶ 북한은 휴전 이후에 남한에 몰래 침입하기 위해 땅굴을 팠다. (   )

❷ 비무장지대는 철새, 식물, 동물이 살기 힘든 곳이다. (   )

정답　❶ (O)
　　　❷ (X) 비무장지대는 사람이 마음대로 못 들어가기 때문에
　　　　　　동식물에게는 아주 살기 좋은 공간이에요.

임진각 평화누리 공원으로 가봅시다. 평화누리 공원에 가면 한국전쟁 때 폭탄을 맞고 멈춰버린 증기기관차도 있고, 매년 1월 1일이 될 때 종을 치는 평화의 종도 볼 수 있어요. 증기기관차와 평화의 종, 자유의 다리를 보고 난 후, 바람의 언덕으로 가봅시다. 바람의 언덕에는 수천 개의 바람개비가 있어요. 우리는 북한에 갈 수 없지만, 바람은 북한도 남한도 자유롭게 여행하죠? 바람의 언덕에서 바람개비를 만들어 날려 보아요.

🎵 MP3 18-02

미션을 수행하며 엄마와 함께 대화해 보아요. (준비물: 색종이, 핀, 가위, 빨대)

 Let's make a paper windmill together. 같이 바람개비를 만들어 보자.

Before we start, we need a piece of paper. 시작하기 전에 종이가 필요해.

First, cut it from each corner almost to the center of the paper. Do not cut it all the way. 우선, 각 모서리에서 중간 부분까지 잘라. 끝까지 다 자르면 안 돼.

Then, fold the corners towards the center of the paper. 그리고 나서, 네 귀퉁이를 가운데로 모아서 접어.

Last, put a pin in the center of the paper and stick it to a straw. 마지막으로 핀을 종이 가운데에 꽂고, 빨대에 고정시켜.

 I made it. I can see the wind blowing now. 제가 해냈어요. 이제 바람을 눈으로도 볼 수 있어요. I hope we can go to North Korea like the wind. 우리도 바람처럼 북한에 갈 수 있기를 희망해요.

파주 비무장지대에서 엄마와 함께 즐거운 시간을 보냈나요? 비무장지대에서 알게 된 내용을 생각하며 엄마와 함께 대화해 보아요.

♪ MP3 18-03

Did you have fun today? 오늘 재미있었니?

It was good, but I felt sad. 좋았어요, 그렇지만 슬프기도 했어요.
I saw North Korea but I couldn't go there.
북한을 봤지만 그곳에 갈 수는 없었어요.

Yes, it's really sad. Some people haven't been able to meet their family members for a long time.
정말 슬프구나. 어떤 사람들은 아주 오랜 기간 동안 가족들을 못 만난 사람들도 있어.

Really? That's sad. 진짜요? 슬퍼요.

Imagine if a train from Dorasan station ran from South Korea to North Korea.
만약 도리산역 기차가 남한에서 북한으로 운행한다면 어떨까 상상해봐.

That would be great. 정말 멋질 거예요. We could travel around the world by train. 기차를 타고 전 세계를 여행할 수 있어요.

지금까지 배운 영어단어와 내용들을 생각하며 아래 문장을 완성해 보아요. 아래 상자에 있는 단어들을 활용해서 넣어봐요. 단, 철자가 뒤죽박죽 되어 있으니 엄마와 함께 필요한 단어를 생각하며 철자를 알맞게 넣어보아요.

e r a a

1. The DMZ is an _____ where North Korea and South Korea cannot fight. DMZ는 북한과 남한이 싸울 수 없는 지역이에요.

d w i n

2. I can see the _____ blowing now. 이제 바람을 눈으로도 볼 수 있어요.

o h e p

3. I _____ we can go to North Korea like the wind.

우리도 바람처럼 북한에 갈 수 있기를 희망해요.

e e m t

4. Some people haven't been able to _____ their family members for a long time. 어떤 사람들은 아주 오랜 기간 동안 가족들을 못 만난 사람들도 있어.

r a t i n

5. We could travel around the world by _____.

우리는 기차를 타고 전 세계를 여행할 수도 있어요.

정답   1. area   2. wind   3. hope   4. meet   5. train

Can은 할 수 있어요, Can't는 할 수 없어요

비무장지대에 다녀 왔지만 여전히 우리는 북한에 갈 수 없어요. 남한과 북한은 전쟁을 쉬고 있는 휴전국가이기 때문이에요. 북한의 모습을 전망대에서 볼 수는 있지만 갈 수 없는 사실 너무 슬프죠? 아직도 북한에 가족이 있지만 만나지 못하는 사람들도 있답니다. 이렇게 우리가 할 수 없는 것들이 있어요. 우리가 할 수 없는 것들에 대해서는 영어로 어떻게 말해야 할까요? 다음 문장을 엄마와 함께 읽어보아요.

We can't travel to North Korea. 우리는 북한을 여행할 수 없어요.

They can't meet their family members. 그들은 그들의 가족을 만날 수 없어요.

위 문장들의 비슷한 점은 무엇인가요? 맞아요. 모두 can't가 있어요. 이렇게 '할 수 없다'는 뜻을 표현하고 싶을 때는 can't를 쓰면 됩니다.
can't는 cannot을 붙여서 짧게 쓴 단어예요. not은 '사실이 아니다, 그렇지 않다'라는 부정적인 의미를 나타내는 단어랍니다. (Unit 11. 엄마가 들려주는 문법 이야기를 참고하세요. p124)
그럼 not을 제외한 can에 대해 알아볼까요?

I play the piano every day. 나는 매일 피아노를 쳐요.

I can play the piano very well. 나는 피아노를 아주 잘 칠 수 있어요.

둘 다 피아노를 친다는 의미이지만 can이 들어가면 '칠 수 있다'라는 의미로 바뀌어요. 동사 play 앞에 쓰여서 '(악기를) 연주할 수 있다'라는 의미가 더해진답니다.

하지만 동사 앞에 can이나 can't가 올 때는 의미변화와 함께 동사의 모양도 원래대로 변해요. 아래 두 문장을 살펴보세요.

Tiffany jumps rope every morning. 티파니는 매일 줄넘기를 해요.

Tiffany can jump rope 200 times. 티파니는 200번 줄넘기를 할 수 있어요.

원래 '나', '너'가 아닌 다른 한 사람을 표현하는 문장의 경우, 원래 모양 끝에 -s나 -es를 붙여줘요. (Unit 05. 엄마가 들려주는 문법 이야기를 참고하세요. p62) 하지만 can이나 can't가 동사 앞에 오면 그 동사는 항상 원래 모양으로 쓴답니다.

Tiffany can jumps rope 200 times. (X) 티파니는 200번 줄넘기를 할 수 있어요.

Tiffany can't jumps rope 200 times. (X) 티파니는 200번 줄넘기를 할 수 없어요.

위에 두 문장은 틀린 문장이에요. 바르게 고쳐볼까요?

Tiffany can jump rope 200 times. (O) 티파니는 200번 줄넘기를 할 수 있어요.

Tiffany can't jump rope 200 times. (O) 티파니는 200번 줄넘기를 할 수 없어요.

틀린 문장과 올바른 문장의 차이가 보이나요? Jump(뛰다)라는 동사 앞에 can이나 can't가 오면 '나', '너'가 아닌 다른 한 사람에 대해 이야기하더라도 동사에 -s를 붙이지 않아요.

연습문제

1. 괄호 안의 단어 중 올바른 것에 동그라미를 그려보세요.

He can (play/plays) the guitar. 그는 기타를 연주할 수 있어요.

She can (eat/eats) carrots. 그녀는 당근을 먹을 수 있어요.

A baby can't (walk/walks) yet. 아기는 아직 걷지 못해요.

I can't (swim/swims). 나는 수영을 못해요.

2. 다음 그림을 보며 엄마와 함께 문장을 완성해 보아요.

Tom _____ play the guitar, but he _____ play the violin.
톰은 기타를 연주할 수 있지만 바이올린 연주는 못해요.

Jane _____ swim, but she _____ sing very well.
제인은 수영은 할 수 있지만 노래는 잘 하지 못해요.

정답 1. play / eat / walk / swim
　　　2. can, can't / can, can't

MEMO

MEMO

Look over there!
There are deer!

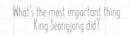

What's the most important thing
King Seongjong did?

엄마랑 떠나는 영어 체험학습

▶ **MP3 무료 다운로드 (www.hyejiwon.co.kr)**
원어민 발음으로 녹음한 MP3 파일을 혜지원 홈페이지
자료실에서 다운로드 할 수 있습니다.

I want to be
a police officer
today.

Can you tell me
how to use a fire
extinguisher?

Let's shoot
arrows like the
Josean Dynasty
soldiers.